CAMBRIDGE LIBRARY COLLECTION

Books of enduring scholarly value

Linguistics

From the earliest surviving glossaries and translations to nineteenth-century academic philology and the growth of linguistics during the twentieth century, language has been the subject both of scholarly investigation and of practical handbooks produced for the upwardly mobile, as well as for travellers, traders, soldiers, missionaries and explorers. This collection will reissue a wide range of texts pertaining to language, including the work of Latin grammarians, groundbreaking early publications in Indo-European studies, accounts of indigenous languages, many of them now extinct, and texts by pioneering figures such as Jacob Grimm, Wilhelm von Humboldt and Ferdinand de Saussure.

Die Hianákoto-Umáua

Die Hianákoto-Umáua, first published in 1908, is Theodor Koch-Grünberg's illustrated account of the expedition he made together with other scientists to Northern Brazil in the years 1903–5. The German researcher, a pioneer in the field of South American ethnology, describes his encounters with the indigenous people who lived in the region of the Japurá River and the Rio Negro. The Omagua tribe had lived there before the Spanish conquest of South America in the sixteenth century. Koch-Grünberg explains that although the words Omagua and Umáua are alike, the sixteenth-century Omagua tribe was culturally and linguistically quite distinct from the Umáua tribe he himself met. The main focus of the book is a systematic record of the vocabulary of the Umáua tribe based upon the author's own observations. He lists words relating to a variety of topics including body parts, medicine and religion.

Cambridge University Press has long been a pioneer in the reissuing of out-of-print titles from its own backlist, producing digital reprints of books that are still sought after by scholars and students but could not be reprinted economically using traditional technology. The Cambridge Library Collection extends this activity to a wider range of books which are still of importance to researchers and professionals, either for the source material they contain, or as landmarks in the history of their academic discipline.

Drawing from the world-renowned collections in the Cambridge University Library, and guided by the advice of experts in each subject area, Cambridge University Press is using state-of-the-art scanning machines in its own Printing House to capture the content of each book selected for inclusion. The files are processed to give a consistently clear, crisp image, and the books finished to the high quality standard for which the Press is recognised around the world. The latest print-on-demand technology ensures that the books will remain available indefinitely, and that orders for single or multiple copies can quickly be supplied.

The Cambridge Library Collection will bring back to life books of enduring scholarly value (including out-of-copyright works originally issued by other publishers) across a wide range of disciplines in the humanities and social sciences and in science and technology.

Die Hianákoto-Umáua

THEODOR KOCH-GRÜNBERG

CAMBRIDGE
UNIVERSITY PRESS

CAMBRIDGE UNIVERSITY PRESS

Cambridge, New York, Melbourne, Madrid, Cape Town, Singapore,
São Paolo, Delhi, Dubai, Tokyo

Published in the United States of America by Cambridge University Press, New York

www.cambridge.org
Information on this title: www.cambridge.org/9781108006705

© in this compilation Cambridge University Press 2009

This edition first published 1908
This digitally printed version 2009

ISBN 978-1-108-00670-5 Paperback

Revue Internationale d'Ethnologie
et de Linguistique

ANTHROPOS

Ephemeris Internationalis Ethnologica et Linguistica

•• Rivista Internazionale ••   • • Revista Internacional • •
d'Etnologia e di Linguistica   de Etnología y de Lingüística

International Review of Ethnology and Linguistics.

Internationale Zeitschrift für Völker- und Sprachenkunde.

o ═══ o

Dr. Theodor Koch-Grünberg:

Die Hianákoto-Umáua.

(Illustriert.)

─── Separat-Abdruck ═══

aus Bd. III (1908), Heft 1, 2, 5, 6.

o ═══ o

Im Auftrage der Österreichischen Leo-Gesellschaft,
Mit Unterstützung der Deutschen Görres-Gesellschaft

Herausgegeben:

Unter Mitarbeit zahlreicher Missionäre von P. W. SCHMIDT, s. v. d.

Druck und Verlag der Mechitharisten-Buchdruckerei in Wien, VII.

Die Hianákoto-Umáua.

Von **Dr. Theodor Koch-Grünberg,** Berlin.

(Mit zwei Abbildungen nach Aufnahmen des Verfassers.)

Eine Gruppe sprachverwandter Stämme zwischen dem oberen Yapurá und dem oberen Caiarý-Uaupés, dem größten Nebenfluß des Rio Negro zur Rechten, ist seit längerer Zeit unter dem Namen U m á u a bekannt.

Schon zur Zeit der Konquista wird dort ein großes Volk der O m a g u a erwähnt. In den vierziger Jahren des XVI. Jahrhunderts stießen die goldgierigen Scharen der Spanier und Deutschen unter ihren kühnen Führern U l r i c h v o n H u t t e n, B a r t e l W e l s e r u. a. auf der Suche nach dem sagenhaften „Dorado" zwischen dem Guaviare und Yapurá auf diesen mächtigen Stamm und wurden durch seine Tapferkeit zum Rückzug genötigt. Der Hauptort dieser Omagua war angeblich eine gewaltige Stadt von solcher Ausdehnung, daß die Abenteurer von einer nahen Anhöhe herab ihre Grenzen nicht zu unterscheiden vermochten. Inmitten der in breiten geraden Straßen geordneten Häuser erhob sich ein großes Gebäude, der Palast des Kaziken Quareca und zugleich der Haupttempel, der zahlreiche Götterbildnisse aus Gold enthalten sollte. Mehrere noch größere und reichere Städte sollten sich weiter im Lande befinden[1].

Lautlich stimmt das Wort „Omagua" sehr gut mit „Umáua" überein, da die Spanier die in vielen Indianersprachen häufige Silbe „ua" stets mit „gua" wiedergeben, wie man an zahlreichen Orts- und Stammesnamen erkennen kann[2]. Trotzdem haben die alten Omagua mit den modernen Umáua nicht das geringste zu tun. Wenn auch vieles von jenen glänzenden Schilderungen auf Rechnung einer ausschweifenden Phantasie zu setzen ist, so ist doch kaum daran zu zweifeln, daß die Omagua, mit denen die Eroberer in Berührung kamen, eine verhältnismäßig dichte Bevölkerung bildeten und eine weit höhere Kulturstufe erreicht hatten, als die heutigen Bewohner dieser Gegenden, die nur vereinzelte Palmstrohhütten und nicht einmal zusammenhängende Dörfer,

---

[1] Alexander v. Humboldt: Reise in die Äquinoktial-Gegenden des neuen Kontinents. In deutscher Bearbeitung von Hermann Hauff. Bd. IV, S. 285. Stuttgart 1860. — F. A. Junker von Langegg: El Dorado. S. 21. Leipzig 1888.

[2] So ist „Guaviare" entstanden aus „Uaiuarí", „Guayana" aus „Uayana" u. a. Vgl. auch Humboldt: a. a. O. III, 348.

1

geschweige denn feste Städte bewohnen, und die kulturell auf derselben Stufe stehen wie die übrigen Naturvölker des Amazonasgebietes.

Auch sprachliche Gründe sprechen gegen eine Identifizierung der alten Omagua mit den modernen Umáua, wie ich weiter unten auseinandersetzen werde.

Zum erstenmal finden die Umáua in der Wissenschaft nähere Berücksichtigung bei Martius. Der Reisende kam am oberen Yapurá zwar nicht selbst mit diesen Indianern in Berührung, traf aber in der Nähe des Ararakuara-Falles Spuren von ihnen und erfuhr durch Hörensagen manche Einzelheiten über ihre Lebensweise. Sie bewohnten die Gegenden östlich und nordöstlich vom oberen Yapurá, die sich zum Teil in steinigen Savanen erstrecken, die Gebiete des Cunyarý und seiner Zuflüsse Rio dos Enganos und Mesai, der nach ihnen auch Rio dos Umáuas genannt wurde. Sie wurden als sehr rohe, den westlichen Nachbarn, besonders den Miranha, feindliche Menschenfresser geschildert. Mit den Brasilianern unterhielten sie keinen Verkehr, wohl aber mit den spanischen Ansiedlern des heutigen Colombia, denen sie gegen Eisenwaren, Glasperlen u. a. gelbes Wachs vertauschten. Man beschrieb sie als schlanke, aber breitbrüstige Leute, die von Jugend auf sehr enge Leibgurte aus Baumbast trügen, angeblich um möglichste Schlankheit des Unterleibs zu erzielen[1].

Außer den sagenhaften Omagua, die die Konquistadoren im Quellgebiet des Yapurá trafen, ist schon seit Orellanas denkwürdiger Reise ein Tupistamm desselben Namens am oberen Amazonas bekannt, dessen Bekehrung sich die Jesuitenmissionäre des XVII. und XVIII. Jahrhunderts, unter ihnen der treffliche Pater Samuel Fritz, mit großem Erfolg widmeten. Diese Omagua, die die eigentümliche Sitte hatten, die Schädel der Neugeborenen durch Pressen künstlich zu deformieren, und die deshalb auch Campeva genannt wurden, sind jetzt wohl erloschen oder in der zivilisierten Bevölkerung aufgegangen. Sie galten nicht für Eingeborene jener Gegend. Einige Forscher, wie de la Condamine u. a., meinen, sie seien den Amazonas herabgekommen, um sich der spanischen Herrschaft zu entziehen. Andere verlegen ihre ursprüngliche Heimat an den Yapurá. Martius, gestützt auf sprachliche Erwägungen, läßt sie von Südosten her auf den südlichen Nebenflüssen zum Hauptstrom gelangen und spricht sich entschieden gegen ihre Identifizierung mit den Umáua des oberen Yapurá aus, mit denen sie wohl „nichts als einen Anklang des Namens" gemein hätten[2].

„Paul Marcoy"[3] bringt wiederum die Omagua des oberen Amazonas mit den Umáua des oberen Yapurá und offenbar auch mit den Omagua der Konquista zusammen, denn er spricht bald von Omagua, bald von Umáua und nimmt an, daß die ersteren von dem Fuß der Anden von Popoyan in der Kordillere von Colombia nahe den Quellen des Yapurá ausgegangen und

---

[1] C. F. Ph. v. Martius: Reise in Brasilien. Bd. III, S. 1255. München 1831. Beiträge zur Ethnographie und Sprachenkunde Amerikas zumal Brasiliens. Bd. I, S. 545—546. Leipzig 1867.

[2] Martius: Beiträge, I, 433 ff. 437.

[3] Unter diesem Pseudonym verbirgt sich Laurent St. Cricq, ein Begleiter des Grafen Castelnau.

nach Süden weitergezogen seien bis zum Amazonas, wo er ihre Reste in der alten Mission S ã o P a u l o d'Olivença beobachtete und von ihrer Sprache eine Aufnahme machte, auf die ich weiter unten zurückkommen werde. Ein Zweig dieser Umáua-Omagua seien die Mesaya, die in einer Stärke von 1000 bis 1200 Männern zwischen dem Yapurá und dem oberen Lauf des Apaporis, seines größten linken Nebenflusses wohnten. Von ihren Anthropophagen-Sitten und religiösen Anschauungen gibt der französische Reisende eine meist auf Hörensagen beruhende, etwas phantastische Schilderung[1].

Diese Mesaya sind also nichts anderes als die kannibalischen Umáua, die Martius in der Nachbarschaft des Rio Mesai angibt.

H e n r i C o u d r e a u verzeichnet Omauá an den Quellen des Caiarý-Uaupés und am oberen Apaporis. Sie seien berühmt durch die Herstellung des Pfeilgiftes Curare und geschickt in der Verfertigung von Hängematten. Sie übten auch die Beschneidung aus. Mit den Bewohnern der Stadt N e i v a am Rio M a g d a l e n a unterhielten sie einen unregelmäßigen und häufig unterbrochenen Verkehr. Um die Mitte des vorigen Jahrhunderts seien sie sogar Caiarý abwärts bis S ã o G a b r i e l am Rio Negro gekommen[2].

Ich selbst konnte auf meinen Reisen am oberen Rio Negro feststellen, daß diese Umáua nicht am Alto Caiarý-Uaupés, sondern mehrere Tagereisen südlich davon, an Zuflüssen des Yapurá, beziehungsweise des Apaporis wohnen[3]. Sie sind **reine Karaiben**[4], deren nächste Verwandte in den Guayanas sitzen, und zerfallen in eine Anzahl von Subtribus mit verschiedenen Namen, die aber e i n e Sprache mit geringen dialektischen Unterschieden sprechen.

Die dem Alto Caiarý-Uaupés zunächst am Rio M a c á y a, einem Zufluß des oberen Apaporis, wohnenden Umáua bezeichnen sich selbst mit dem Namen **Hianákoto,** einem echten Karaibenwort; denn die Endung „-koto, -coto, -goto, -ghotto", die „Leute, Volk, Indianer" bedeutet[5], findet sich in zahlreichen Stammesnamen dieser Gruppe: Ipurucoto, Pianocoto, Paricoto, Purigoto, Arinagoto, Cumanagoto, Pianoghotto, Tiverighotto u. a. Doch ist unser H i a n á k o t o, wie wir aus dem vergleichenden Vokabular sehen werden, durchaus nicht identisch mit der Sprache der P i a n o g h o t t o Robert Schomburgks, der Pianocoto der Mme. Coudreau, die im Quellgebiet des T r o m b e t a s, eines nördlichen Nebenflusses des unteren Amazonas wohnen, wenn auch beide Namen mit Berücksichtigung des Lautwandels: p-h, vielleicht dasselbe bedeuten: G e i e r - I n d i a n e r. Wir haben es hier nur mit einem Gleichklang

[1] P a u l M a r c o y: Voyage de l'Océan Pacifique à l'Océan Atlantique à travers l'Amérique du Sud. Le Tour du Monde. 1867, p. 104, 106, 134.

[2] H. C o u d r e a u: La France Équinoxiale. Tome II, p. 161, 166 und Pl. IV. Sources du Rio Uaupés. Paris 1887. — E. S t r a d e l l i: L' Uaupès e gli Uaupès. Bollettino della Società Geografica Italiana. T. III, p. 432. Roma 1890.

[3] Vgl. meine farbige Völkerkarte im „Globus": Bd. 90, Heft 1. Braunschweig 1906.

[4] Noch neuerdings wurde die Sprache dieser Umáua aus gänzlichem Mangel an Aufzeichnungen zur B e t o y a - G r u p p e gerechnet, der fast alle Uaupés-Stämme angehören. P. E h r e n r e i c h: Die Ethnographie Südamerikas im Beginn des XX. Jahrhunderts. Archiv für Anthropologie. Bd. III, S. 46, 56. Braunschweig 1904.

[5] „choto" bedeutet im C u m a n a g o t o: Leute, im C h a y m a: Indianer, Indianerin.

oder einer zufälligen Übereinstimmung von Stammesnamen zu tun, was selbst
innerhalb einer Sprachgruppe gerade nicht zu den Seltenheiten gehört.

Die Hianákoto haben am Macáya und am Cunyarý acht Maloka[1]. Ihre
Sprache ist völlig übereinstimmend mit dem Idiom der Tsahátsaha (Taucher-
Indianer), die südlich von ihnen auf den weiten Savanen am Cunyarý und
Mesai drei Maloka bewohnen und weicht auch nur wenig ab von dem
sogenannten Carijona, das Crevaux an den Ufern des oberen Yapurá auf-
nahm[2]. „Carijona" oder richtiger „kaŕihǒna"[3] ist überhaupt kein Stammesname,
sondern heißt in der Umáuasprache: „Menschen, Leute". Deshalb werden
alle diese Karaibenstämme, die das ganze gewaltige Gebiet zwischen Alto
Caiarý-Uaupés und Alto Yapurá besetzt halten, von den Kolombianern mit
dem Gesamtnamen „Carijona" bezeichnet. Daher sind die Umáua Martius',
die Umáua-Mesaya Marcoys sprachlich wenigstens identisch mit den
Carijona Crevaux' und den Omaua-Umáua des Alto Caiarý-Uaupés.
Auch die Guaques, Huaques am oberen Yapurá, die Martius als eine den
Umáua feindliche, ebenfalls kannibalische Horde aufführt[4], gehören nach den
wenigen Wörtern, die aus ihrer Sprache bekannt sind[5], eng zu dieser Familie.
Der Name „Umáua" aber, der den Sprachen der Kobéua, Yupúa u. a. angehört
und „Kröten" bedeutet, ist, wie schon Martius richtig hervorhebt[6], ein Spott-
name, mit dem die benachbarten Stämme der Betoya-Gruppe die Gesamtheit
dieser Karaiben benannten[7].

Während meines Aufenthaltes am oberen Caiarý-Uaupés im Jahre 1904
lernte ich bei den Kobéua einige Hianákoto kennen. Die Kolombianer, die
die dortigen Kautschukwälder ausbeuten und meistens durch eigene Schuld
mit den Indianerstämmen in Streit geraten, hatten ihr Dorf am Macáya
überfallen, einige Männer getötet und Weiber und Mädchen mit sich
geschleppt. In gerechtem Zorn über diese Greuel hatten drei der Überlebenden,
Kauílimu, Kauánamu und Uäkétimu, wenige Monate vor meiner Ankunft einen Rachezug zum oberen Caiarý unternommen und vier Kautschuksammler erschlagen. Kauílimu trug von diesem Kampfe eine fürchterliche,
schlecht verheilte Narbe an seinem Leib, die von einem Hieb mit dem Waldmesser herrührte und auf seiner Photographie (Fig. 2) deutlich zu erkennen

---

[1] Die Indianerdörfer dieser Gegenden bestehen aus je einem großen Gemeindehaus, das
bisweilen zehn oder mehr Familien als Wohnung dient und in der Lingoa geral: „malóka"
genannt wird.

[2] J. Crevaux gibt die Carijona besonders auf dem linken Ufer des oberen Yapurá an, etwa
vom 78° 20' bis 74° 30' westlicher Länge von Paris. Fleuves de l'Amérique du Sud. Paris 1883.

[3] „ŕ" ist ein Laut zwischen „l" und „r".

[4] Martius: Reise. III, 1255. Beiträge. I, 545. A. v. Humboldt: a. a. O. III, 365, berichtet,
daß sie Murcielagos (Fledermäuse) genannt würden, weil sie ihren Gefangenen das Blut
auszusaugen pflegten. Man beschreibt auch sie als schlanke, aber arbeitsrüstige Leute, von
Jugend auf um die Lenden mit Turiri- (Baum-) Bast gegürtet.

[5] Lucien Adam: Matériaux pour servir à l'établissement d'une Grammaire comparée
des dialectes de la Famille Caribe. Bibliothèque Linguistique Américaine. Tome XVII. Paris 1893.

[6] Martius: Beiträge, I, 546.

[7] Im Hianákoto selbst und in anderen Karaibensprachen heißt „Kröte — mauá"; ein
Fremdwort aus dem Tupi. Siehe hinten im grammatikalischen Teil.

ist. Ich hatte diese Leute mehrere Wochen in meinen Diensten und denke noch dankbar an ihr sich stets gleichbleibendes liebenswürdiges Wesen und ihre Treue zurück. Zwei von ihnen waren mit Kobéua-Weibern verheiratet, einer hatte eine Tsahátsaha zur Frau. Ihr Verkehr mit den Kobéua muß bis vor wenigen Jahren ein weit regerer gewesen sein. Wie man mir erzählte, erschienen bisweilen ganze Trupps dieser Karaiben am Cuduiarý, einige lebten verheiratet unter den Kobéua, und diese machten ihre Gegenbesuche am Macáya, so daß Coudreau die Kobéua wegen dieser freundnachbarlichen und verwandtschaftlichen Beziehungen sogar „déjà mélangés d'Omauás" nennt[1]. Für mich war dies von großem Vorteil, da ich mit Hilfe des Kobéua das hier veröffentlichte Vokabular aufnehmen konnte.

Auch mit den kolombianischen Ansiedlern des oberen Guaviare standen die Hianákoto früher im Handelsverkehr, indem sie einen Quellfluß des Caiarý zehn Tage lang aufwärts fuhren und in zwei Tagen über Savanenland den Harihari[2], einen Nebenfluß des Guaviare und durch diesen eine kolombianische Niederlassung erreichten. Der Einfall der Kautschuksammler hat diese Verbindungen anscheinend unterbrochen.

Ihre somatischen Verhältnisse kennzeichnen diese Hianákoto-Umáua als echte Karaiben. Sie zeichnen sich durch hohen Wuchs, athletischen Muskelbau und regelmässige Züge aus[3]. Auf sie passen die Worte, mit denen Martius die Karaiben Guayanas im Vergleich mit anderen Stämmen charakterisiert: „Aus dieser sprachlich so bunten, körperlich und sozial so gleichen Menschenmenge ragen die eigentlichen Karaiben wie ein bevorzugtes Geschlecht hervor: höher an Gestalt, heller von Farbe, edler von Gesichtszügen, mannhafter, kühner und herrschend"[4].

Die Tracht der Hianákoto-Männer besteht in einem langen und bis zu 35 *cm* breiten Streifen harten Baumbastes, der fest um den Oberkörper gerollt wird, einer Art Gürtel oder, richtiger gesagt, Bauchbinde. Um diesen starren Streifen, der unter den Armen dicht anschließt, werden weichere Bastbinden gelegt, die meistens charakteristische Figuren und Ornamente in roter Harzfarbe tragen und über der Brust zusammengeschnürt werden. Der Penis ist unter dem Gürtel hochgelegt und mit Hilfe der Hüftschnur am Leib befestigt. Vorne fällt ein kurzer Behang aus rot gefärbten feinen Baststreifen herab. Diese Gürtel werden nie abgelegt, bis sie von selbst unbrauchbar werden und durch neue ersetzt werden müssen. Bei den Männern ist das Haupthaar rund um den Kopf geschnitten. Die Weiber gehen ganz nackt und haben das Haupthaar kurz geschoren, die Schamhaare aber, im Gegensatz

---

[1] H. Coudreau: a. a. O. II, 162.

[2] Im Hianákoto „haŕi-haŕi", offenbar der Ari-ari der Karten, der nach Humboldt mit dem Guayavero zusammen den Guaviare bildet. Humboldt: a. a. O. III, 363. Die kolombianische Niederlassung, von der mir meine Hianákoto sprachen, ist vielleicht die alte Mission San Martin, die nach Crevaux am oberen Ari-ari oder Aré-aré liegt. Vgl. Jules Crevaux: Voyages dans l'Amérique du Sud, p. 378 (carte,) 472. Paris 1883.

[3] Humboldt: a. a. O. IV, 318, hebt diese Eigenschaften bei den Karaiben des Orinoko-Gebietes hervor.

[4] Martius: Beiträge, I, 745.

zu den Uaupés-Stämmen, nicht rasiert. Männer und Weiber durchbohren die Ohrläppchen und die Nasenscheidewand und tragen darin Rohrstäbchen, beim Tanz federgeschmückte Vogelknochen.

Noch zur Zeit Crevaux' waren die Carijona als Menschenfresser berüchtigt, und die Kobéua versicherten mir wiederholt, daß die Umáua ihre kannibalischen Gewohnheiten noch nicht lange aufgegeben hätten. Als einen Rest der Anthropophagie kann man es wohl ansehen, daß meine Hianákoto, nach Aussage der Kobéua, den erschlagenen Kolombianern die Köpfe abschnitten und nebst den Eingeweiden in den Fluß warfen. Die so verstümmelten Leiber ließen sie jedoch am Tatorte liegen.

In manchen ihrer Gerätschaften, in der Form der Keulen, den Flechtmustern u. a., zeigen die Hianákoto eine bemerkenswerte Übereinstimmung mit ihren Verwandten in Guayana. Ihre Beziehungen zu den Anwohnern des Guaviare deuten vielleicht auf den Weg hin, den sie genommen haben, um in ihre heutige Heimat zu gelangen[1].

Einen Anhalt zur Bestimmung der Zeit, in der diese Wanderung stattgefunden hat, gibt das Hianákotowort für „ B a n a n e": *hátu,* das lautlich dem „*páru*" der Roucouyenne und Apalai unmittelbar entspricht. Daraus geht hervor, daß sich die Umáua erst längere Zeit nach Entdeckung dieser Gegenden durch die Europäer und der damit verbundenen Einführung der Banane vom Hauptstamme getrennt haben und daher auch unmöglich mit den alten Omagua identisch sein können, zumal der Zustand, in dem die Konquistadoren die Omagua trafen, eine längere Besiedlung voraussetzt.

Ein Rätsel bietet das Umáua-Vokabular Marcoys. Der Reisende nahm es nach seinen Angaben in São Paulo d'Olivença am oberen Amazonas auf, einer Mission der Omagua-Campeva, die sich nach den gut übereinstimmenden Wörterlisten von Hervas und Martius[2] als reine Tupi darstellen. In Marcoys Aufnahme gehören die meisten Wörter der Lingoa geral (Tupi) an. Bei anderen läßt sich die Zugehörigkeit nicht feststellen. „*Yacu* = Wasser" ist dem Ketschua entnommen, das ja am oberen Amazonas als Verkehrssprache gilt. Daneben aber finden sich einige reine Karaibenwörter, die mit den entsprechenden Ausdrücken im Carijona und Hianákoto nahezu identisch sind:

	Umáua[3]:	Carijona:	Hianákoto:
diable	*hibo*		*iwo* = Gespenst
soleil	*veï*	*beï*	*wéi*
bois	*bébé*	*ouéoué*	*ueué, wewé*
pecari	*hocto*	*goto*	*uóto, wóto*
tigre	*caycuchi*	*caicouchi*	*kaikúji*
mouche	*majiri*	*mahiri* = pion	*mahiti* = Pium.
es-tu bien?	*curenaï*	*courenaï* = joli	*külenaị* = gut
je suis bien	*cureh*		*küle* = gut

---

[1] Vielleicht über Orinoko und Guaviare. Das M a q u i r i t a r e am oberen Orinoko kommt lautlich dem Hianákoto sehr nahe.

[2] M a r t i u s : Beiträge, II, 16—17.

[3] P a u l   M a r c o y : a. a. O., p. 106.

Marcoy will in seiner Liste die alte Sprache der Umáua aufgezeichnet haben, die diese noch „en secret et dans l'intimité" sprächen, während sie sich als „idiome courant" des Tupi bedienten.

In den Missionen wurden Angehörige der verschiedensten Stämme oft von weit her zusammengebracht[1]. Daher ist es leicht möglich, daß sich unter den Tupi-Omagua in São Paulo d'Olivença einige wirkliche Umáua vom oberen Yapurá befanden, denen Marcoy seine Vokabeln verdankt. Diese hatten offenbar bereits die Lingoa geral, die offizielle Sprache der Missionen, angenommen, erinnerten sich aber noch einiger Wörter aus ihrem ursprünglichen Idiom und mischten diese unter ihre Adoptivsprache. Vielleicht ist auch das, was uns Marcoy als „Idiome Umáua" überliefert hat, eine „Lingua franca", ein Gemisch aus den Sprachen der verschiedenen Stämme, die in São Paulo d'Olivença angesiedelt waren.

Dieses Zusammenwohnen von Omagua und Umáua läßt es auch erklärlich und verzeihlich erscheinen, daß der Reisende die Omagua-Campeva mit den Umáua konfundiert. Auf seine Frage nach ihrer ursprünglichen Heimat aber konnten ihm seine Gewährsleute nur das Quellgebiet des Yapurá angeben.

Lautlehre des Hianákoto:

Vokale:

a, i, u = wie im Deutschen.

ẹ = im Inlaut am vorderen Gaumen hervorgebracht; im Auslaut unrein, fast wie reduziertes *i* und bisweilen mit diesem gleichwertig.

ę = sehr offenes *e*, ähnlich dem deutschen *ä*, dem französischen *è*.

ĕ = stark gutturales *e*, bisweilen wie *u* im englischen *hut*.

o = offenes *o*, wie im Portugiesischen.

u̧ = Laut zwischen *u* und *o*.

ã, ẽ, ĩ, õ, ũ = nasaliert. Die Nasalierungen sind selten.

w = konsonantisches *u*, wie das englische *w* in *water*.

y = konsonantisches *i*, wie das englische *y* in *youth*.

() = eingeklammerte Vokale sind kaum hörbar.

au, ai, oi, eu = beide Vokale getrennt gesprochen.

au̯, ai̯, eu̯, oi̯ = diphthongischer Laut.

Konsonanten:

b, d, g, k, m, n, p, s, t = wie im Deutschen.

h = deutsches *h* in *haben*.

l, r = fehlen.

ł = Laut zwischen *l* und *r*, ähnlich dem rollenden polnischen *ł*, bald nach *l*, bald nach *r* hinneigend.

---

[1] So waren in dem heutigen Manaos ursprünglich Indianer aus siebzehn verschiedenen Stämmen angesiedelt, die teils vom Rio Negro selbst, teils vom Purus, teils sogar aus entfernten Gegenden des Yapurá stammten. (Martius: Reise, III, 1304.)

ž = französisches *j* in *jeter*.

x = gutturaler Reibelaut am hinteren Gaumen gebildet; ähnlich dem spanischen
      j oder einem leichten deutschen *ch* in *Nacht*.

x̰ = ähnlich einem leichten deutschen *ch* in *nicht*.

() = eingeklammerte Konsonanten sind kaum hörbar.

j (= *dž*) = italienisches *g(i)* in *giorno*, tönender palataler Affrikativlaut.

d = *dz*, tönender dentaler Affrikativlaut.

Wörterlisten und Grammatiken von Karaibensprachen.

Accawai, Akawai, Acawoio.

a) Robert Schomburgk bei Karl Friedrich Philipp von Martius:
   Beiträge zur Ethnographie und Sprachenkunde Amerikas zumal Brasiliens.
   Bd. II, S. 312—313. Leipzig 1867. Original in: Report of the eighteenth
   of the British Association for the advancement of science; p. 96—99.
   London 1849;

b) Richard Schomburgk: Reisen in Britisch-Guiana. Bd. II, S. 515—518.
   Leipzig 1848;

c) Everard F. Im Thurn: Among de Indians of Guiana. p. 166.
   London 1883;

d) First part of Genesis and the Gospel of St.-Matthew, with supplementary
   extracts from the other Gospels. London, ohne Jahr. Nach Lucien
   Adam: Matériaux pour servir à l'établissement d'une Grammaire comparée des dialectes de la famille Caribe. Bibliothèque linguistique
   Américaine. Tome XVII. Paris 1893;

e) Lucien Adam: Grammaire de l'Accawai. Journal de la société des
   Américanistes de Paris. Tome II, p. 43—89, 209—240. Paris 1905. Nach
   Manuskripten des englischen Missionärs W. H. Brett.

Apalai, Aparai.

a) Jules Crevaux: Vocabulaire de la langue Apalaï. Bibliothèque linguistique Américaine. Tome VIII, p. 32—34. Paris 1882;

b) Henri Coudreau: Vocabulaire. Bibl. ling. Amér. Tome XV, p. 60—75.
   Paris 1892;

c) O. Coudreau: Voyage au Rio Curuá. p. 41—51. Paris 1903.

Apiaká.

Paul Ehrenreich: Die Sprache der Apiaká (Pará). Zeitschrift für
Ethnologie. XXVII. Jahrgang, S. 168—176. Berlin 1895.

Araquajú.

Martius: Beiträge etc. Bd. II, S. 17 f. Leipzig 1867.

Arara.

O. Coudreau in H. Coudreau: Voyage au Xingú. p. 199—210.
Paris 1897.

Arecuna, Arekuna.

a) Robert Schomburgk, vgl. Acc'awai, *a)*;

b) Richard Schomburgk: Reisen etc. S. 515—519.

Bakairí.

a) Karl von den Steinen: Durch Zentral-Brasilien. S. 335—353. Leipzig 1886;

b) Karl von den Steinen: Die Bakairí-Sprache. Leipzig 1892.

Bonari.

Daniel G. Brinton: Studies in South American Native Languages. p. 44—45. Philadelphia 1892. Nach: Nuno Alvarez do Couto, in Francisco Bernardino de Souza: Pará e Amazonas. 2ª parte, p. 77. Rio de Janeiro 1875.

Caraiben, Caribisi, Caribis.

a) Robert Schomburgk, vgl. Accawai, *a)*;

b) Richard Schomburgk: Reisen etc. S. 515—518;

c) Im Thurn, vgl. Accawai, *c)*;

e) Questions on the Apostles' Creed, with other simple instruction. London, ohne Jahr. In Lucien Adam: Matériaux etc. Bibl. ling. Amér. Tome XVII. Paris 1893.

Carare.

Geo. von Lengerke: Palavras del dialecto de los indios del Opone. Palavras indias dictadas por un Indio de la tribu de Carare. Zeitschrift für Ethnologie. S. 306. Berlin 1878.

Carijona.

Crevaux: Vocabulaire de la langue Carijona. Bibl. ling. Amér. Tome VIII, p. 35—38.

Cariniaco.

Crevaux: Vocabulaire de la langue Cariniaca. Bibl. ling. Amér. Tome VIII, p. 267—273.

Chayma.

Francisco de Tauste: Arte, bocabulario, doctrina christiana y catecismo de la lengua de Cumana. Madrid 1680. Faksimile-Ausgabe von Jul. Platzmann. Leipzig 1888.

Crichaná.

João Barboza Rodrigues: Pacificação dos Crichanás. p. 247—260. Rio de Janeiro 1885.

Cumanagoto.

a) Fr. Manuel de Yangues: Principios y reglas de la lengua Cumanagota. Faksimile-Ausgabe von Jul. Platzmann. Leipzig 1888. Original herausgegeben von Ruiz Blanco. Burgos 1683;

b) Fr. Matias Ruiz Blanco: Arte y tesoro de la lengua Cumanagota.
Faksimile-Ausgabe von Jul. Platzmann. Leipzig 1888. Original herausgegeben Madrid 1690;

c) Fr. Diego de Tapia: Confessonario mas lato en lengua Cumanagota.
Faksimile-Ausgabe von Jul. Platzmann. Leipzig 1888. Original herausgegeben Madrid 1723;

d) Fr. Diego de Tapia: Confessonario mas breve en lengua Cumanagota. Faksimile-Ausgabe von Jul. Platzmann. Leipzig 1888. Original
herausgegeben Madrid 1723.

Galibi.

a) De la Sauvage: Dictionnaire Galibi. Paris 1763. In Martius: Beiträge
etc. Bd. II, S. 325 ff.;

b) P. Sagot:Vocabulaire français-galibi. Bibl. ling. Amér. Tome VIII, p. 53—60.
Paris 1882.

Guaque.

P. Albis 1853. (Alto Yapurá-Caquetá.) In L. Adam: Matériaux etc.

Hianákoto.

Theodor Koch-Grünberg: Aufgenommen am Alto Caiarý-Uaupeś
mit Hianákoto vom Rio Macáya (Alto Apaporis). 1904.

Inselkaraiben.

a) Raymond Breton: Dictionnaire caraibe-françois. Auxerre 1665. Dictionnaire françois-caraibe. Auxerre 1666. Faksimile-Ausgaben von Jul.
Platzmann. Leipzig 1892 und 1900;

b) de Rochefort: Histoire naturelle et morale des iles Antilles de l'Amérique. Ed. II. Vocabulaire caraïbe. p. 571—583. Rotterdam 1665.

Ipurucotó.

João Barboza Rodrigues, vgl. Crichaná.

Kaliña (Galibi).

C. H. de Goeje: Bijdrage tot de Ethnographie der Surinaamsche
Indianen. (Supplement zu „Internationales Archiv für Ethnographie",
Bd. XVII.) S. 39—71. Leiden 1906.

Macusi, Macuschi, Macuchý, Macouchi.

a) Johann Natterer, bei Martius: Beiträge etc. II, S. 225 ff.;

b) Robert Schomburgk, vgl. Accawai, *a*);

c) Richard Schomburgk: Reisen etc. II, 515—523;

d) Im Thurn, vgl. Accawai, *c*);

e) Barboza Rodrigues, vgl. Crichaná;

f) H. Coudreau: La France Équinoxiale. Tome II, p. 487—491. Paris 1887;

g) G. Grupe y Thode: Über den Rio Blanco und die anwohnenden
Indianer. Globus. Bd. 57, S. 251—254. Braunschweig 1890.

Maiongkong.

Robert Schomburgk, vgl. Accawai, *a*).

Maquiritaré.

J. Chaffanjon: L'Orénoque et le Caura. p. 342—344. Paris 1889.

Motilone.

Jorge Isaacs: Estudio sobre las tribus indigenas del Magdalena, antes Provincia de Santa Marta. Mitgeteilt und mit vergleichenden Bemerkungen versehen von A. Ernst (Carácas). Zeitschrift für Ethnologie. Bd. XIX, p. 376—378. Berlin 1887.

Nahuquá.

Karl von den Steinen: Unter den Naturvölkern Zentral-Brasiliens. S. 524—526. Berlin 1894.

Opone.

Geo. von Lengerke, vgl. Carare.

Ouayana (Roucouyenne).

H. Coudreau: Vocabulaire. Bibl. ling. Amér. Tome 'XV, p. 11—59. Paris 1892.

Ouayeoué.

a) H. Coudreau: La France Équinoxiale. Tome II, p. 491—492. Paris 1887;
b) O. Coudreau: Voyage à la Mapuerá. p. 91—92. Paris 1903.

Palmella.

João Severiano da Fonseca: Viagem ao redor do Brasil. 1875—1878. Tomo II, p. 193—196. Rio de Janeiro 1881.

Paravilhana.

Joh. Natterer, bei Martius: Beiträge etc. II, 227 f.

Pauxi.

O. Coudreau: Voyage au Cuminá. p. 132—133.' Paris 1901.

Pianoghotto, Piánocotó.

a) Robert Schomburgk, vgl. Accawai, *a*);
b) O. Coudreau: Voyage au Cuminá. p. 165—168. Paris 1901.

Pimenteira.

Martius: Beiträge etc. II, 219—220.

Roucouyenne.

J. Crevaux: Vocabulaire français-roucouyenne. Bibl. ling. Amér. Tome VIII, p. 1—31. Paris 1882.

Tamanaco.

> Filippo Salvadore Gilij: Saggio di storia americana. Tomo III, p. 375—382, 386—389. Roma 1782.

Tiverighotto.

> Robert Schomburgk, vgl. Accawai, *a*).

Trio.

> *a*) J. Crevaux: Quelques mots de la langue des Indiens Trios. Bibl. ling. Amér. Tome VIII, p. 39—40. Paris 1882;
> *b*) C. H. de Goeje, vgl. Kaliña, S. 71—87.

Upurui.

> C. H. de Goeje, vgl. Kaliña, S. 87—109.

Waiyamara.

> Robert Schomburgk, vgl. Accawai, *a*).

Woyawai¹.

> Robert Schomburgk, vgl. Accawai, *a*).

Yanumakapü-Nahuquá

> K. von den Steinen: Unter den Naturvölkern etc. S. 526—527.

Yahos, Yaos.

> Jean de Laët: Histoire des Indes occidentales. Leyden 1640. Nach L. Adam: Matériaux etc.

Yauaperý.

> Georg Hübner und Theodor Koch-Grünberg: Die Yauaperý. Zeitschrift für Ethnologie. S. 225—248. Berlin 1907.

Zentralamerika-Karaiben.

> *a*) Juan Galindo: Notice of the Caribs in Central-America. Dated Governement House, Truxillo 1883. Journal of the Royal Geographical Society. III, p. 219. London 1838;
> *b*) Otto Stoll: Zur Ethnographie der Republik Guatemala. S. 35—36. Zürich 1884.

Die Schreibweise hängt ab von der Nationalität der Autoren; nur ist å überall durch *g*, λ durch *ł* und ñ durch *ń* ersetzt worden.

---

¹ Diese Woyawai sind offenbar identisch mit den Ouayeoué von H. und O. Coudreau. Beide Sprachen sind ein Gemisch von Karaibisch und Aruak.

Abkürzungen:

Ak. = Accawai, Akawai.
Ak. (Br.) = Accawai (Brett).
Ak. (Th.) = Ackawøi (Im Thurn).
Ap. 1 = Apalai (Crevaux).
Ap. 2 = Aparai (H. Coudreau).
Ap. 3 = Aparai (O. Coudreau).
Api. = Apiaka.
Ar. = Arara.
Arek. = Arecuna, Arekuna.
Bak. = Bakairi.
Bon. = Bonari.
Car. = Caribisi, Caribis.
Car. (Th.) = Carib (Im Thurn).
Carij. = Carijona.
Carin. = Cariniaco.
Chaym. = Chayma.
Cum. = Cumanagoto.
Gal. = Galibi.
Gal. (S.) = Galibi (Sagot).
Inselkar. = Inselkaraiben.
Ipur., Ip. = Ipurucotó.
Kal. = Kaliña.
Krisch. = Crichaná.
Maiongk. = Maiongkong.

Mak. = Macusi, Macushi etc.
Mak. (N.) = Macusi (Natterer).
Mak. (Sch.) = Macusi (Schomburgk).
Mac. (Th.) = Macusi (Im Thurn).
Mac. (C.) = Macouchi (Coudreau).
Mac. (G.) = Macuchy (Grupe).
Maqu. = Maquiritaré.
Mot. = Motilone.
Nah. 1 = Nahuquá.
Nah. 2 = Yanumakapü-Nahuquá.
Palm. = Palmella.
Par. = Paravilhana.
Pian. 1 = Pianoghotto (Schomburgk).
Pian. 2 = Pianocotó (Coudreau).
Pim. = Pimenteira.
Rouc. 1 = Roucouyenne (Crevaux).
Rouc. 2 = Ouayana (Coudreau).
Tam. = Tamanaco.
Tiverigh. = Tiverighotto.
Up. = Upurui.
Waiyam. = Waiyamara.
Woy. = Woyawai.
Yauap. = Yauaperý.

Vokabular.

(Aufgenommen mit dem Hianákoto „Kauánamu" vom Rio Macáya am oberen Caiarý-Uaupés;
Oktober/November 1904.)

A. Körperteile — Partes de Cuerpo:

Zunge (lengua) *yinyɨko*.	Rouc. 2: *i-noure, e-nourou.* Ap. 2: *ou-nourou.* Ap. 3: *nourou.* Yauap.: *ke-neré.* Tam., Gal.: *nuru.* Kal.: *i-ńúru.* Nah. 1: *ūuru.* 2: *unuru.* Cum., Pim.: *nuri.* Trio 2: *i-enuli.* Opone: *inu.* Carare: *syno.* Mak.: *húnú, unum.* Ipur.: *unum.* Par.: *anulu.* Krisch.: *nuiá.* Palm.: *nuo.* Arek.: *huyahni.* Api.: *e̜-lŏ.* Ar.: *ilou.* Bak.: *i-lu.*
Mund (boca) *ye̜tali*.	Tam.: *mdari.* Cum.: *mtar, amtar, ymtar.* Car.: *endari.* Maqu.: *intarri.* Bak.: *itári.* Inselkar.: *tiboutali.* Gal.: *empatoli.* Ak.: *eubodari.* Rouc. 2: *yépota-re, y-emtala.* Yauap.: *kabutari.* Ap. 2: *pota-piipouri.* Ap. 1: *ountali.* Kal.: *ontá-li.* Trio 2: *y-eenta-li.* Mac. (G.): *undá.* Nah. 1: *untát.* Mac. (C.): *ounta.* Ak. (Br.): *u-ndah* = mein Mund. Carin.: *outari.* Api.: *i-ba̜rǐ.* Ar.: *poringan.* Mak., Arek.: *mutta.*
Oberlippe (labio superior) Unterlippe (labio inferior) *ye̜tále̜hitihe̜*.	Rouc. 2: *yopota-i-pitpi.* Mak.: *unda-pipé.* Ap. 2: *é-pota-piepuri.*

Zahn
(diente)
yę́ƚi.

> Tam., Carin., Carij., Inselkar.: *yeri.* Bak.: *yéri.* Api.: *yerĭ.* Ar.: *yé-ri.* Gal., Rouc. 1, 2, Palm.: *yéré.* Kal.: *i-é-ri.* Up.: *i-éri, i-ére, i-i.* Pim.: *jari.* Yauap.: *ki-ari.* Ap. 2: *jereu.* Bon.: *joré.* Opone: *iyo.* Carare: *syó.* Cum., Chaym.: *yer.* Arek.: *huyéhre.* Trio 2: *i-yi.* Ipur.: *uié.* Mak.: *huyé, uijé.* Mac. (G.): *uié.* Krisch.: *uieté.* Nah. 1: *uvire, uviƚ.* 2: *uire.* Pian. 2: *youtali.* Par.: *elelö.* Ak. (Br.): *au-yuh* = dein Zahn.

Nase
(nariz, narices)
yonáƚi.

> Tam.: *jonnàri.* Pian. 1, Maiongk.: *yoanari.* Woy.: *younari.* Waiyam.: *yonari.* Maqu.: *yonarri.* Pian. 2: *younali.* Bak.: *yendri.* Ap. 2: *yéounari.* Ipur.: *innaré.* Krisch.: *tunaré.* Rouc. 1: *yemna.* 2: *y-emna-ré.* Ap. 1: *yeoumali.* 3: *aouna.* Cum.: *euna.* Mak., Arek.: *uyeuna, iuná.* Mac. (G.): *uieuná.* Mac. (C.): *yéouna.* Palm.: *ohóna.* Mot.: *ona.* Trio 2: *i-ona.* Opone: *iena.* Carare: *yena.* Ar.: *ongnangon.* Par.: *euné-nia-lö.* Carin.: *ad-énatori, énahtari.* Kal.: *i-ennata-ri.* Yauap.: *k-anatari.* Nah. 1: *uinataƚ, uvinátaƚ.* 2: *uinatari.* Car., Ak.: *yenatori.* Api.: *i-ñăn.*

Nasenloch
(ventana de la nariz)
yonáƚotáƚi.

> Tam.: *jonnarjotta.* Rouc. 2: *y-emnaré-itare.* Ap. 2: *yéounare éoutari.* Ak.: *yenotarri.* Gal.: *enetali.* Carin.: *énatharı.* Car.: *yenetari.* Bak.: *kxanatári.* Nah. 1: *uinataƚ atáƚ.* 2: *uinatari atari.* Api.: *ę-năn (?).*

Loch in der Nasenscheidewand (agujero del tabique de la nariz) *yonáƚotáƚi.*

Loch in der Unterlippe (agujero en el labio inferior) *yętię́tę atóhohę.*

Auge
(ojo)
yęnúƚu.

> Inselkar.: *enoulou.* Gal., Carij., Trio 1, Car., Ak., Arek., Waiyam.: *yenourou.* Ap. 2: *yénourou* Carin.: *enourou.* Kal.: *i-enu-ru.* Maiongk.: *uyenuru.* Cum.: *enur.* Tam., Ap. 1: *janùru.* Rouc 1: *yeourou.* 2: *y-éoure, y-éourou.* Nah. 1: *uvínúru, uvíuru.* 2: *uínuru.* Pian. 2: *gnanourou.* Ipur.: *uyenu.* Trio 2: *i-enu.* Mac. (G.): *uienu.* Mak.: *ienu, tenu.* Mac. (C.): *yéénou.* Pian. 1: *yenei.* Mak. (S.), Arek.: *hénouto.* Krisch: *uini.* Ap. 3: *anou.* Mot.: *anú.* Bak.: *kxánu.* Palm.: *ohno.* Opone: *iéu.* Carare: *yeo.* Woy.: *eoru.* Api.: *anruñǒ.* Ar.: *ongourouman.* Bon.: *nurubá* = Auge, Blick.

Pupille (la niña del ojo) *yęnúƚukaƚihonáƚę.*

Lid (párpado) *yęnúƚuhítihę.*

innerer Augenwinkel (ángulo interior del ojo) *yębōjíkętę.*

Ohr
(oreja)
banáƚi.

> Carij.: *anari.* Guaque: *ianari.* Tam., Rouc. 1, Kal.: *panari.* Car., Ak.: *panarei.* Inselkar.: *tibánali* = Gehör. Carin.: *pianari.* Maqu.: *ihanarri.* Rouc. 2: *i-panaré.* Ap. 2: *i-panare.* Yauap.: *ka-panari.* Araquaju: *ypanare.* Bon.: *panaré* = Ohr, *pianaré* = Gehör. Yao: *pannare.* Mak.: *panuré, upana.* Trio 2: *i-pana, yi-pana-li.* Nah. 1: *uváñaƚ.* 1, 2: *uvanari.* Bak.: *iwanatári* = mein Ohr. Cum.: *panar.* Par.: *apánalo.* Ip.: *panan.* Api.: *i-wanăn.* Mac. (C.): *oupaana.* Mac. (G.): *upaná.* Gal., Palm., Ap. 3: *pana.* Mot.: *paná.* Mak. (Sch.): *hupana.* Opone: *itaña* Carare: *stana.*

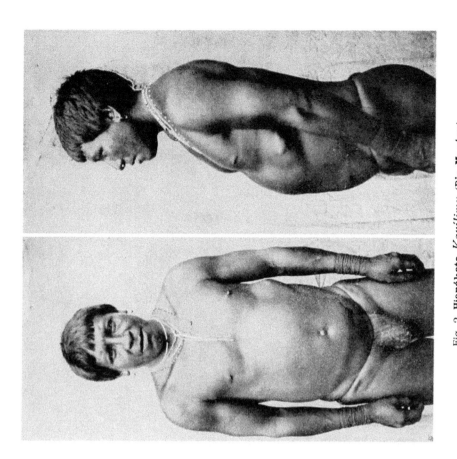

Fig. 1. Hianákoto *Kauánamu* (Rio Macáya).

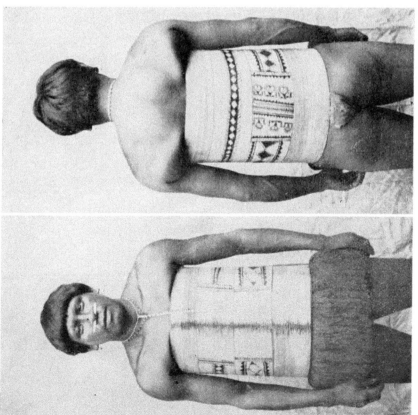

Fig. 2. Hianákoto *Kauilimu* (Rio Macáya).

Ohrläppchen (perilla de la oreja) *banahẹtẹ́kẹtẹ*.

Loch im Ohrläppchen (agujero en la perilla de la oreja) *banáⱡotáⱡi*

Ohrloch als Gehörgang (abertura de la oreja como camino de oído) *banáⱡẹhotáⱡi* (wohl = *banáⱡotáⱡi*).	Nah. 1: *uvánaⱡ atáⱡ.* 2: *uvanari atari.* Bak.: *kxiwanatári-etári.*
Stirn (frente) *yẹmẹ́(d)yaⱡi.*	Bak.: *kxameláⱡ, kxamelári.*
Kopf (cabeza) *bútuhẹ.*	Carij.: *outouhé.* Trio 2: *i-putupö.* Chaym.: *poutpo.* Cum.: *pucutpue.* Rouc. 2: *i-poutpoure, itépourou.* Rouc. 1: *itépourou.* Tiverigh.: *oputpa.* Ap. 2: *yépououpouré.* Ap. 3: *oupouba.* Gal.: *oupoupou, opoupou, ouboupou.* Car.: *yubupo, youpoupo.* Ak.: *yupopo, youpoupo.* Ak. (Br.): *au-bopa-i* = dein Kopf. Mak. (S.): *pupei, poupei.* (N.): *jubaé.* Kal.: *a-yupạ.* Par.: *ipupáe.* Mac. (G.): *upupai.* Mac. (C.): *oupou oupaye.* Arek.: *opuwei, oupei, opei, ipei.* Waiy.: *ipawa.* Carin.: *poulipo.* Maiongk.: *hohuha.* Maqu.: *iyoha.* Bon.: *iriopó.* Nah. 1: *uvíterö, uavíteru.* 2: *ūri töri.* Woy.: *ighteburi.*

Schädel (cráneo) *ihutuẹ́hẹ.*

Kopfhaar (cabellera) *butuháⱡi.*	Pian. 2: *poutabali.* Tam.: *prutpeyaréri.* Cum.: *puyar.* Ip.: *upupaiaré.* Krisch.: *pupinaré.* Par.: *elerölö.* Maqu.: *iyoharri.* Mac. (G.): *utupoc.*
Augenbrauen (cejas) *yẹmẹyakutútuⱡihôtẹ.*	Kal.: *a-yeme-suluku-ru.*
Augenwimpern (pestañas) *yẹĭíhōtẹ.*	Kal.: *a-y-epipạti.* Trio 2: *y-enipoti-lẹ.*
Bart (barba[s]) *yitaĭíhōtẹ.*	Gal.: *atachipote, atasibo, tacibo.* Kal.: *y-etasi-pạtạ* = Vollbart. Cum.: *yetachir.* Rouc. 2: *yétpot.* Mac. (G.): *uiepó.* Up.: *etpo* = Vollbart. Ap. 2: *yetipotire.* Trio 2: *y-ipoti, y-epoti* = Vollbart. Mac. (C.): *ouyélantchéri.* Ap. 3: *pot poungue.* Bak.: *paxúto.*
Schamhaar (pelo del pubis) *môtẹ, mốtẹ.*	Bak.: *kxamu-xúto.*

Achselhaar (pelo de la axila) *yẹyátaⱡihōtẹ.*

Haar an den Beinen (pelo de las piernas) *yẹĭikatúhuⱡuhôtẹ.*

Wange (mejilla) *bobẹ́táⱡi.*

Kinnbacken
(mandíbula)
yępítāłi.

Ap. 2: *eoupitari* = Kinn. Mak. (Sch.): *copeta toyépu. hupíta* = Backen.

Kinn (barba) *yamałátāłi.*

Schulter
(hombro)
mõtāłi.

Inselkar.: *ımoútalli.* Gal.: *imotali.* Ap. 2: *é-motari.* Kal.: *a-mạta-li.* Trio 2: *ye-mota-li.* Bak.: *kxiumatał, kxīwatári.* Chaym., Cum.: *motar.* Yauap.: *ka-mutari.* Ip.: *motá.* Ak.: *modá.* Mak.: *humota.* Krisch.: *motaquiné.* Ap. 3: *monita.* Nah.: *āatari.*

Oberarm
(brazo)
Unterarm
(antebrazo)
yahệłi.

Cum., Chaym.: *yapuer.* Gal.: *yaboule, apori.* Gal. (S.): *iapolé.* Kal.: *i-apạ-lé, y-aba-lé, a-y-apo-li* = Oberarm. Rouc. 2: *y-apouère, y-apore.* Ap. 2: *y-apore.* Ap. 3: *apore.* Trio 2: *y-apo-l, y-apạyali* = Oberarm. Tam.: *japarı.* Carin.: *ad-apari.* Ar.: *apori mrounga.* Bak.: *kxawáł, kxawári, kxawöri* = Unterarm. Pim.: *söba-röh.*

Ellbogen
(codo)
yahałężíkęłę.

Trio 2: *y-apö-li tigli.*

Hand
(mano)
yệnyałę.

Gal.: *eigna, eignalé, yamori.* Kal.: *y-eńa-li.* Trio 2: *y-eńa-l.* Carare: *ńińae.* Pian. 1: *yenari.* 2: *yanali.* Gal. (S.): *iaineri.* Car.: *yennarı, yenari.* Ak.: *yenarru, yeinaru.* Ak. (Br.): *wi-enzarri* = meine Hand. Waiy.: *yanaroru.* Carin.: *aniaru, ad-aniari.* Mak. (S.): *huyenya* Arek.: *uyena.* Mac. (G.): *uiendá.* Tam.: *jamgnàri.* Krisch.: *enna.* Ip.: *eiá.* Nah. 1: *uvinátöri, uīátöł.* 2: *uińatöre.* Ap. 1: *yemali.* Ap. 2: *y-émari.* Bak.: *imȧri* = meine Hand. Rouc. 1: *yamourou.* 2: *y-amore.* Woy.: *yamore.* Maqu.: *arr-amori.* Yauap.: *k-amuri.* Maiongk.: *yamutti.* Api.: *omiăt.* Ar.: *omiet.* Cum.: *emia.* Mot.: *oma.*

Handrücken (revés de la mano) *yệnyałęgáłi.*

Handfläche (palma de la mano) *yệnyałęłāłi.*

Finger
(dedo)
yệnyagámułu.

Trio 2: *y-eńa a-kami-li, y-eńa kamạ* = Kleinfinger. Opone: *ńeńe tarátara.* Tam.: *amgna-mucuru.* Chaym.: *emniancur.* Krisch.: *u-enya.* Mak.; *o-entza, ui-enza, y-ena.* Gal.: *y-amori.* Rouc. 2: *y-amore.* Bak.: *kx-omari.* Yauap.: *k-amumé.*

Daumen
(dedo pulgar)
yệnyałę(d)yumu.

Kal.: *a-r-eńa-li yumaŋ.* Trio 2: *y-eńa tamu.*

Zeigefinger (dedo índice) *yệnyałę(d)saxmánołi.*

Mittelfinger
(dedo del medio)
yệnyałęyałaụono.

Trio 2: *y-eńa ilownạ.*

Ringfinger
(dedo anular)
yệnyałęhękệłęno.

Trio 2: *y-eńa ipakölöna.*

Kleinfinger
(dedo meñique)
yẹnyatẹmúgutu.

Tam.: *amgna-mucuru* = Finger. Chaym.: *emniancur* = Finger.
Rouc. 2: *t-moumcoure, moucoure.*

Ellbogengelenk (coyuntura del codo) *yahẹ́tiha(x)kātẹ.*

Schultergelenk (coyuntura del hombro) *yahẹ́tiẹsẹkẹ́kẹ̄tẹ.*

Handgelenk
(muñeca)
yemẹkútūtu.

Ap. 2: *y-émécounou.* Rouc. 2: *mecoune.* Mac.: *yéémécou =*
Arm. Kal.: *a-y-amekon* = Unterarm. Ar.: *yémé coumouré.*
Bak.: *kx-amaxóyu enùtóto.*

Fingernagel
(uña)
yamosáiti.

Kal.: *i-amusigli.* Trio 2: *y-amoi, y-amui.* Up.: *i-amohaye.*
Carin.: *amo-sétchéri.* Rouc. 2: *y-amhaoui, amohai, mam-*
saoui. Tam.: *y-amna.* Api.: *amoïn.* Ar.: *yamouinan.* Ap. 3:
amachipouto. Par.: *lampulélé.* Yauap.: *k-abusékeri.*

Oberschenkel
(parte superior del
muslo)
bẹ́tẹ.

Carij.: *beti* = Fuß (?). Kal.: *nabete.* Gal.: *eipeti, ipiti.* Trio 2:
yi-peti. Inselkar.: *iébeti.* Tam., Pim.: *petti.* Carin.:
piéti. Rouc. 2: *i-pet.* Ap. 2: *i-piti.* 3: *pẹ̄tẹ́.* Yauap.:
ka-betẹ́. Ar.: *youpet.* Api.: *i-wẹ̆t.* Bak.: *kxiwẹ̆te, kxiwẹ́ti.*
Nah. 1: *uvitö, uvitạ.* 2: *uvita.* Maqu.: *ihệte.* Opone:
ite. Carare: *itute.*

Schienbein [tibia] (huesa de la pierna) *yẹjikatúhutu, yẹdikatúhutu.*

Wade
(pantorrilla)
yẹjíhāti, yẹdíhāti.

Trio 2: *yi-yei, ye-pu.* Rouc. 2: *i-ouacire, ouachile* = Bein.
Mac. (C.): *ouchi.*

Knie
(rodilla)
yẹsẹ́(x)nāti.

Chaym.: *esekmu, yechekmur.* Tam.: *jecechimùru.* Mak.:
iezemu. Krisch.: *jazemu.* Ip.: *jozemu.* Ak.: *zemuyu.*
Ap. 2: *y-écécomourou.* 3: *océcoumo.* Rouc. 2: *y-ééhmoure,*
y-émourou. Ar.: *érécoumri.* Nah. 1: *uvíripat, uvipat.* 2:
uiripanári. Trio 2: *ye-werenali.* Yao: *goenaly.*

Kniescheibe (choquezuela, rótula) *yẹsẹ́(x)nāti yẹ(x)káutu.*

Kniekehle (corva) *yẹhuatẹ́(x)nāti.*

Fuß
(pie)
buhútu.

Gal.: *ipoupou. boubourou* = Füße. Car. (Sch.): *poburoh.* Ak.:
euwowuruh. Rouc. 1: *epoupourou.* 2: *é-poupoure.* Ap. 1:
ipoupourou. 2: *o-poupourou.* 3: *poupou.* Pim.: *pupulü* =
Zehe. Kal.: *pulepu-re.* Trio 2: *yi-pu-lu.* Bak.: *kxuxúlu,*
kxuxúru. Ak.: *yubobu.* Car.: *pupu.* Inselkar.: *oupou.*
Mak.: *hupú, upu.* Api.: *i-pun.* Gal. (S.): *pooucourou.* Ar.:
poucouan. Cum.: *poutar.* Pian. 1: *putu.* Maiongk.:
ohutu. Mac. (C.): *outa.* Nah. 1: *utápüt, utápüri.* 2: *utapüre.*
Yauap.: *kutótopó.* Opone: *idebú.* Waiyam: *kiporu.* Woy.:
horori. Maqu.: *ohorro.*

Fußrücken (dorso del pie) *buhútugāti.*

Sohle (planta [del pie]) *buhútutāti.*

Ferse (talón) *tẹ́hūtu.*

Zehen
(dedos del pie)
buhútugámutu.

Trio 2: *i-pu a-kami-li* = kleine Zehe.

grosse Zehe
(dedo gordo)   Kal.: *pupú-lu yumu.* Trio 2: *yi-pu tamu-lu.*
buhŭłu(d)yumu.

kleine Zehe (dedo meñique del pie) *buhŭłumugŭłu.*

Fußknöchel (tobillo) *manyítŭłu.*

hintere Fußsehne (tendón posterior del pie) *manyętęmāni.*

Zehennagel (uña del dedo del pie) *buhŭłuamosáiłi.*

Hirschhuf (respigón) *kadyăkęamosáiłi.*

Körper (cuerpo) *yahęłęmę.*

Leichnam (cadáver) *kałihóna ahęhętę.*

Hals
(cuello)   Tam.: *pumeri.* Yao: *boppomery.* Trio 2: *i-pumu-rui.* Rouc. 2:
1. *bëmëłi.*   *i-poumouri.* Mak., Arek.: *huma.* Ap. 3: *pouma.* Mac.:
2. *ło(x)ëłëyętęhę.*   *oumoui.*

Nacken (nuca) *bałŭłu.*

Kehle (garganta) *hakałamęmęhę.*

Achselhöhle
(sobaco)   Rouc. 2: *y-eaptare, y-apta.* Yauap.: *k-atabari.*
yęhiyátałę.

Schulterblatt
(omoplato)   Rouc. 2: *epa* = Schulter.
yībá; (d)yībá.

Rippen (costillas) *yauótę.*

Brust
(pecho)   Trio 2: *yi-lǫpui, yi-robui.* Chaym., Cum.: *puropo.* Ak.: *po-*
yętohęłę.   *ropo, epoburuh.* Yauap.: *k-oroboré.* Gal.: *iti-poburo.*
                  Carin.: *piapourou.* Krisch.: *rupotó.* Ap. 2: *y-oropari* =
                  Rippen. Gal.: *soropo* = Rippe.

Brustwarze beim Mann (pezón del varón) *manátęłi.*

                  Gal.: *manati, manaté, manatelé.* Inselkar..: *ibanátiri.* Ap. 2:
                  ĕ-manatiri. Par.: *imanatölü.* Kal.: *a-manati-ł.* Trio 2.:
weibliche Brust   *i-manati-li.* Chaym.: *manatir.* Tam.: *matiri.* Carin.:
(pechos ó tetas)   *manaté.* Maqu.: *imanate.* Mac. (G.): *manaté.* Ip.: *imanaté.*
1. *uęłíji manátęłi.* Ap. 3.: *manetĕ.* Mac. (C.): *maanati.* Mak. (Sch.): *huma-*
2. *manátęłi hátāłi.* *nati.* Ar.: *manari.* Api.: *i-mañarĕ.* Cum.: *matir, ypana-*
                  piar. Palm.: *mate.* Ak.: *manahdu.* Krisch.: *manape.*
                  Mak.: *maná.* Bak.: *kxiñuäñáł, kxiñuanári. pána* = Warze.
                  Nah. 1: *uvanátöł, anátöł.* 2: *nanatöri* = Warze.

Brustwarze beim Weib (pezón de la hembra) *uęłíji manátęłi ętętę.*

Muttermilch
(leche maternal) Kal.: *manati-l.*
manátę ęnętętę.

Zitze des Hundes (pezón del perro) *kaikúji manátęłi.*

Bauch [cf. Darm]
(vientre)
uakûtu, wakûtu.

Carij.: *ouacourou.* Ap. 1.: *iouacourou.* 3: *ouacou* = entrailles. Trio 1: *ouacou.* Trio 2.: *y-uag-lu. yi-waku-lu, y-uaku-la* = Körper. Rouc. 2: *ouakchiriri, y-achirile* = entrailles. Bak.: *kxiyári.* Carare: *syaca.*

Nabel
(ombligo)
bonẹ́ti.

Rouc. 2: *i-ponire, ponile.* Trio 2: *i-poni-li.* Ap. 2: *i-ponou-rou.* Ar.: *ipoobi.* Nah. 1: *uvónitö.* 2: *uvónita.*

Nabelstrang (cordón umbilical) *bonẹ́tẹ tẹ́hẹtẹ.*

Seite
(costado)
yauótẹ (= Rippen).

Cum.: *yabot, yavot.* Chaym.: *yaot.* Tam.: *yavotti* = Lenden. Ak.: *yawoh.* Trio 2: *auti* = Rückgrat.

Rücken (dorso) *yẹ́hi(n)yātẹ́.*

Rückgrat (espina dorsal) *yẹ́hi(n)yatẹ yẹ́tẹhẹ.*

Gesäß (trasero) *yātẹ́kẹtẹ.*

Penis [cf. Schwanz]
(miembro genital de macho)
yatókẹtẹ.

Inselkar.: *aluculi.* Kal.: *alok-ri.* Trio 2: *i-alok-ri.* Carin.: *ararokire.* Bak.: *kxitét, kxitéri.* Ap. 2: *arikeré* = Schwanz. Rouc. 2: *ouatquire, ouatquile* = Schwanz. Maqu.: *rakirri.* Cum.: *chadaukir, chaukir.*

Glans (glande) *yatókẹtẹ hútuhẹ.*

Praeputium (prepucio) *yatókẹtẹ hitihẹ.*

Scrotum
(escroto)
yẹmûtu.

Rouc. 2: *y-émoure* = scrotum, testes. Kal.: *emu-ru.* Trio 2: *y-emu-lu.* Yauap.: *k-amuré* = scrotum, testes.

Testes
(testículos)
yẹmutatẹ́tẹ.

Cum.: *chemur.* Bak.: *kxámu.* Ei: Cum.: *emboy.* Chaym.: *chomur.* Ip.: *imu.* Krisch.: *imuin.* Gal.: *imon, imombo.* Rouc. 1: *imon.* Ip., Mak.: *imum* = Samen. Inselkar.: *heem* = Ei.

Membrum muliebre (miembro de hembra) 1. *uatẹ́tu.* 2. *watẹ́tu.* 3. *iuẹ́tẹtu.*

Vagina (vaina) *otǎtẹ, otǎti* (= Loch).

Labia maiora (grandes labios) *uatẹ́toeyetẹ.*

Clitoris
(clítoris)
ẹ́titi.

Bak.: *eli, elli* = vulva. Nah. 1: *iröri, öt.* 2: *iröri* = vulva. Rouc. 2: *erire imon* = vulva. Cum.: *ch-ary.* Palm.: *ohri.* Par.: *d-alü.* Ar.: *ori* = matrice. Api.: *oliňǒ* = vulva.

Anus (ano) *hẹtẹ́kẹ.*

Haut
(pellejo)
ötahitihẹ, hitihẹ.

Tam.: *pitpe.* Rouc. 1: *pitpot.* 2: *pitpé, pipot.* Cum.: *pizpe, pikpe.* Bak.: *kxutúbi, kxutúpi.* Gal.: *ibippo, opipo.* Ak.: *eupihpoh.* Mak.: *ipipé.* Mak., Arek.: *pipo.* Kal.: *a-pĭpea.* Trio 2: *yi-pĭpö, yi-pipo.* Krisch.: *piperé.* Inselkar.: *tibi-poue.* Ap. 2: *o-piipouri,* 3: *piple.* Api.: *i-witpăn.* Nah. 1: *uviyo.* 2: *uvigo.*

Fell des Hundes (pelleja del perro) *kaikúji hitihẹ.*

Knochen
(hueso)
i(d)yétihę, yétihę.

Tam.: *yetpe.* Rouc. 1: *yétipé.* 2: *yetpeu.* Ip.: *itepi.* Krisch.: *tepy.* Cum.: *yep, chep, edpue.* Chaym.: *chepo.* Mak. (N.): *tschěba.* Gal.: *yépo.* Mak. (Sch.): *hépo.* Kal.: *y-epo, a-ipo.* Trio 2: *yi-peti-l.* Inselkar.: *époué.* Ap. 2: *ézéé-pouiri.* 3: *zéepo.* Bak.: *ipůre, ipůle.* Nah. 1: *upüri.* Par.: *jepelü.* Api.: *itpǔn.* Ak.: *upu.*

Blut
(sangre)
mǔnyǔ.

Kal.: *a-muinu-lu.* Trio 2: *munu, yi-munu-lu.* Ak.: *u-muinuh = mein Blut.* Rouc. 1, Ap. 2, 3: *mounou.* Car.: *menu.* Krisch.: *menę.* Gal.: *moinou, moinourou, timonouré.* Car., Ak.: *munuroh.* Inselkar.: *timoinalou.* Carin.: *miénouri.* Ar.: *témounglé.* Rouc. 2: *mouéou, méou.* Mak. (N.): *möng.* Mak. (Sch.): *mong.* Par.: *imò lopolù.* Bak.: *kxǔno, kxǔnu.*

Ader
(vena)
(d)yimītę, yímītę.

Ap. 2: *o-mitic.* 3: *mitou.* Cum.: *imichi.* Chaym.: *michicur.* Yauap.: *mitiá.*

Puls (pulso) *yeƚetętękęnę.*

Fleisch
(carne)
bǔnú.

Tam.: *punu.* Cum.: *pun.* Chaym.: *pun, mun.* Ak.: *bohn.* Rouc. 2: *ipoune-ca. ipoune =* Fleisch, Körper. Bak.: *ǐuno.* Gal.: *iponombo.* Krisch.: *iponim.* Ip.: *ipo.* Ap. 2: *ou-pouman =* Körper. 3: *poumo.*

Sehne (tendón) *(d)yimītę* (= Ader).

Herz (corazón) *yeƚéƚę. eƚęmóƚoƚi*[1].

Gehirn (cerebro) *bisákuƚu, ihi(d)sákuƚu.*

Fett
(grasa)
ikatę.

Trio 2: *ékati.* Up.: *ekat.* Cum.: *ycaty, ticaty.* Tam.: *catti.* Krisch.: *icaté.* Bak.: *kxeyǎdi, iɣáti.* Mak.: *icá.* Ip.: *ica-zez.* Rouc. 1: *tikaké.* 2: *écat, ticaké.* Gal.: *ticagué, tika-cay =* fett (gras). Ap. 2: *écacéré.* Inselkar.: *ticatenati =* il est gras. Chaym.: *ticaraken.* Kal.: *iteati.*

Leber
(hígado)
yéƚēƚę, éƚęƚę[2].

Trio 2: *eli-li.* Rouc. 1, 2: *éréré.* Ap. 2: *éréri.*

Galle
(bilis)
yeƚeisúkuƚu.

Chaym.: *yerezcur.* Cum.: *chirere chucuru.* Bak.: *kxareno-kúro.*

Magen (estómago) *eƚęƚáhuƚu*[2, 3].

Nieren (riñones) *auótę* (= Seite, Rippen).

Darm [cf. Bauch]
(intestino)
uakúƚu, wakúƚu.

Trio 2: *waku-lu.*

Semen virile (semen de macho) *mugëbë.*

---

[1] Richtig! Nach den Eingeweiden eines Cujubim abgefragt und mit dem Kobéua verglichen.
[2] Nach den Eingeweiden eines Cujubim abgefragt und mit dem Kobéua verglichen.
[3] Später, beim Tapir abgefragt, nannte derselbe Indianer: *eƚęhǐƚiƚi.*

Rotz, Nasenschleim (moco) *yonákęti.*

Katarrh, Schnupfen (catarro) *móto;* Schnupfen der Weißen (cattaro de los blancos) *yatánaị móto.*

Speichel (saliva) *yętákutu.*	Gal.: *etago.* Cum.: *y-etacur.* Chaym.: *y-etazcur.* Tam.: *yattacuru.* Rouc. 2: *i-étacoure.* Ap. 3: *otaco.* Yauap.: *k-ontakiri.* Ar.: *iraglou.*
Urin (orina) *(d)súku.*	Carij.: *toucou* = urinieren. Cum.: *chucu.* Chaym.: *chucur, chuco.* Tam.: *ciuc.* Gal.: *chicou, cicou, sicombogué* = urinieren. Inselkar.: *i-chicou-lou* = mein Urin. Rouc. 2: *téhictaye, soucou.* Ap. 3: *soucou.* Rouc. 1: *soucou-poc.* Kal.: *asiku-lu.* Ar.: *tigou.* Bak.: *kxehiku. tehíku* = sein Urin. Carare: *ocú* = para orinar.
Schweiß (sudor) *yętamúkutu.*	Inselkar.: *hu-iramuculu, n-irametetina* = schwitzen. Cum.: *aramuco, eramuco.* Chaym.: *u-yaramocur.* Yauap.: *k-aramukré.* Rouc. 2: *t-aramouctaye.* schwitzen: Cum.: *y-aramuktache, y-eramucuaze.* Chaym.: *u-y-aramoktaze.* Carin.: *taramukeva.* Ak.: *w-eyramuta.* Krisch.: *iremuterai.*
Träne (lágrima) *yęnákutu.*	Cum.: *chenacur.* Mak.: *uenerecu.*
Kot (excremento) *uāté, wātę́.*	Gal.: *ouaté, hueto.* Inselkar.: *ouatte.* Rouc. 2: *ouaté.* Cum.: *huate, vete. huet* = Kot der Tiere. Bak.: *kxéti.* Ar.: *ourot ourot.*

Geschwür (absceso, úlcera) *gumútu.*

Eiter (pus) *gumútu nę́(d)suka.*

Frieiras[1] (sabañón) *jikę́mutu, dxikę́mutu.*

Fieber (fiebre) *uatánę, watánę.*

Dysenterie (disentería) *uasóuo, wasówo.*

Wunde (herida) *jikę́ jikę, dxikę́dxikę.*

Narbe (cicatriz) *jikę́ jikę, dxikę́dxikę.*

Atem (aliento) *yętatéjinę.*

Flatus (soplo) *uęsákę, węsákę, uę(d)sákę.*

Schnabel des Papageis (pico del papagayo) *tóto ónāti* (= Papageinase).

Schwanz des Hundes [cf. Penis] (cola del perro) *kaikújatókętę.*	Schwanz: Trio 2: *oloki-li.* Ap. 2: *arikeré.* Rouc. 2: *ouatquire, ouatquile.*
Schwanz des Fisches (cola del pez) *ikújatókętę.*	Bak.: *xus-aróku, šus-aróxu* = Schwanz (vom Fisch).

---

[1] Krankheit der Zehen.

Schwanz des Papageis
(cola del papagayo)
łóło atókęłę.

B a k.: *ixot-aróyo* = Schwanz (vom Vogel). Schwanz: A p. 2:
arikeré. R o u c. 2: *ouatquire, ouatquile, courachi rarokire*
= Kamm des Huhns.

Flügel des Papageis
(ala del papagayo)
łóło ahęłiłi.

K a l.: *apoli-ri*. R o u c. 2: *apouère. apoué*. A p. 3: *aporire.*
T r i o 2: *apol-ipö* = Schlagfeder.

Feder des Papageis
(pluma del papagayo)
łóło hołę.

R o u c. 2: *i-poupot, ipot*. M a q u.: *iyoti*. G a l.: *apolliré*. K a l.:
ipạtik.

Flosse des Fisches
(aleta del pez)
ikújahęłiłi.

K a l.: *apạliri wạtạ, wạtạ apạli-ri* = Fischflosse.

B. **Elemente und Natur — Elementos y naturaleza:**

Wasser
(agua)
tûna.

C a r., A k., M a k., A r e k., W a i y a m., M a i o n g k., P i a n 1,
T i v e r i g h., N a h. 1, T r i o 2, U p., O p o n e, A r a q u a j u:
tuna. [W a p i s c h a n a, A t o r a i (A r u a k): *tuna*.] B o n.,
Y a u a p.: *tuná*. G a l., C u m., C h a y m., C a r i n., T r i o 1,
A p. 1, 2, 3, R o u c. 1, 2, P i a n. 2, M a c. (C.), O u a y e o u é 1,
C a r i j., P a u x i: *touna*. K a l.: *túna*. G a l. (S.): *tôna, touna*.
I n s e l k a r.: *tona*. M a q u.: *tona*. T a m.: *dunà*. M a k. (N.):
duná. P a r.: *dónà*. M o t.: *kuna-siase*, C a r., A k., M a c. (T h.):
toona.

Fluß
(rio)
tûna.

B o n.: *tuná*. T r i o 2, K a l., U p.: *tuna.*

Bach (arroyo) *yanûłu, ya(x)nûłu.*

Flußarm (brazo de rio) *atatołékahę.*

Uferspitze (punta de ribera) *ętułęmęłi*

See
(lago)
ikútuhę.

C u m.: *icutpue*. R o u c. 2: *icoutpeu*. C h a y m.: *ikidpo*. M a k.:
icobé. K r i s c h.: *icoberé*. I p.: *icubequy*. A p. 2: *iconoupo*.
3: *zouè.*

Estirão[1] (lange, gerade Flußstrecke) *tûnaďa(x)mánōłi.*

Cachoeira,
Stromschnelle, Wasser-
   fall [cf. Stein]
(torrente, cascada)
tęhu.

B a k.: *táu, tạu* = Wasserfall; *tú.xu* = Cachoeira, Stein.

Schaum von der Cacho-
   eira
(espuma de la cascada)
åko.

G a l.: *aco, acombo* = Schaum.

---
[1] Im Portugiesischen.

Tosen und Wogenschwall der Cachoeira *kułúsakatẹ́hu.*

Feuer
(fuego)
mahóto.

Carij.: *tata.* [Tupi: *tatá.*] Pian. l: *matto.* Trio 2: *matạ.* Cum.: *apoto* = Feuer, Brennholz. Ap. 1, 2, Tiverigh.: *apoto.* Rouc. 1: *ouapott.* 2: *ouapot.* Up.: *uapot.* Ap. 3: *ouapoto.* Tam., Araquaju: *uapto.* Maqu.: *guahato* = Feuer, Brennholz. Inselkar.: *uattu, ouattou.* Par.: *vuatú.* Bon.: *uatù.* Yauap.: *uató.* Gal., Car., Carin., Waiyam., Maiongk.: *wato.* Kal.: *watạ.* Car., Ak.: *watu.* Zentralamerika-Karaiben: *wat.* Woy.: *wetta.* Bak.: *péto* = Feuer, Feuerholz. Opone: *fotó.* Api.: *kampot.* Ar.: *campot.* Mak.: *apo.* Arek.: *apok.* Mak., Arek. (Sch.): *ahpo.* Nah. 1: *itó.* Pim.: *waff-undī.* Mot.: *güesta,* Ak., Mac. (Th.): *apo.* Car. (Th.): *wah-toh.*

Kohle [ausgeglüht]
(carbón hecho enrojecido)
đamałákatẹ.

Bak.: *pelaɣáti.*

Asche
(ceniza)
uẹłẹ́nẹ, wẹłẹ́nẹ.

Trio 2: *werínö.* Gal.: *erono.* Ap. 2: *arounan.* 3: *arouna.* Rouc. 2: *loué.* Kal.: *werunapạ.* Mak. (Sch.): *hurunapa.* Up.: *eluetpö.* Yauap.: *uetenú.*

Rauch
(humo)
ẹłẹ́jitẹ.

Nah. 1: *irititse.* Rouc. 1: *alisioua.* 2: *arichioua, olousoué.* Ap. 2: *apot-échine, oréciinto.* 3: *arichineta.* Cum.: *chichimur.* Up.: *ališiwa.* Trio 2: *alíntö.*

Brennholz [cf. Baum]
(leña)
uẹué, wẹwé.

Carij.: *ouéoué.* Gal.: *huéhué* = Baum. Trio 2: *wewe pasisi* = Brennholz (noch nicht im Feuer). Kal.: *uewe were.* Opone: *huebé* = Holz.

Himmel
(cielo)
káhu.

Carij.: *caho.* Maqu.: *caho.* Inselkar.: *cáhoüe.* Chaym.: *capo.* Pauxi: *capo* = Donner; Himmel = *topeu.* Tam., Rouc. 1, Carin.: *capu.* Up.: *kápu.* Trio 2: *kapu.* Kal.: *kapu, kabu.* Gal.: *capou, cabou.* Rouc. 2, Ap. 2, 3: *capou.* Api. 1: *gabovi.* 2: *kabŏ.* Ar.: *caapo.* Bon.: *cabù* = Luft. Palm.: *cape.* Cum.: *cap.* Nah. 1: *kavü, kxavu.* Bak.: *kxáu.* (Mundrukú [Tupi]: *capi*).

Wolke (nube) *áko; káhuáko,* (= Himmelschaum).

Nebel (niebla) *ałẹ́jītẹ.*

Regen
(lluvia)
konóho.

Carij.: *conoho, aouassou.* Nah. 1: *konóoho, kxŏŏovo.* Pauxi: *cono-on.* Cum., Ap. 2, 3, Carin.: *conopo.* Chaym., Krisch., Ip.: *conopó.* Gal., Ak., Car.: *connobo.* Yauap.: *konobó.* Kal.: *kẹnopo, knopo.* Trio 2: *kẹnopo.* Par.: *conupó.* Tam.: *canepò.* Bon.: *cunobá.* Inselkar.: *conóbüi, konóboui.* Api.: *koňpo.* Maqu.: *connonhon.* Mac. (C.): *conoc.* Mak.: *cono.* Mak.: *conno.* Arek.: *cunno.* Rouc. 1: *copo.* 2: *copeu, copo.* Opone: *cóbo.* Ar.: *coopo.* Bak.: *kxópö, kxopŏ.* Pian. 2: *capeu.* Mot.: *goyapa.*

Wind
(viento)
hẹhẹ́ji.

Palm.: *pehēte.* Yao: *pepeite.* Inselkar. (R.): *bebeité.* Gal.: *bebeito, peperito, epebeita.* Kal.: *pepetyo.* Trio 2: *pepéi.* Gal. (S.): *pépéito.* Car., Ak.: *beibeituh.* Par.: *pepessé.* Api., Ar.: *apteno.* Bak.: *sapehénu, sapezénu.* Up.: *pita.* Nah. 1: *vite.* Cum.: *pezozo, petecho, pechet.* Chaym.: *pecheze.* Tam.: *petcheite.*

Gewittersturm (tormenta de tempestad) *mónoh*ę*h*ę*ji* (= großer Wind).

Blitz (relámpago) *manámanakani.*	Trio 2: *manamana.*
Donner (trueno) *háťa.*	Inselkar.: *ioŭállou* ⪫ Gewittersturm. Inselkar. (R.): *oualou, ouyoulou.* Par.: *karápedi, karapeli.* Mak. (N.): *olà napi.* Bak.: *yélo* = Blitz, Donner. Krisch.: *ierembaium* = Blitz. Ip.: *terembaim.* Rouc. 2: *taratàra.* Up., Ap. 2: *tarara.* Bon.: *darará.*
Regenbogen (arco iris) *kánánai.*	Trio 2: *kananai.* Rouc. 2: *camnanaye, caminanaye.* Bak.: *enanáko.*
Sonne (sol) *wéi.*	Carij.: *beï.* Trio 2: *wéi.* Mak. (N.): *wéi.* Mac. (C.): *ouéi.* Trio 1: *oueï.* Gal.: *veïou, hueïou.* Gal. (S.): *vééiou.* Tam.: *véyu.* Inselkar.: *huéyou, huyeyou.* Zentralamerika-Karaiben: *wello.* Kal., Waiyam.: *weyu.* Bon.: *ueiù.* Yauap.: *eïú.* Par.: *oéjú.* Ak., Car.: *wiyeyou.* Car.: *wehu.* Ak.: *weyu* = Tag. Cum.: *hueyo, veyu-r* = Tag. Chaym.: *guey* = Tag. Carin.: *vedo, vedou.* Pian. 1, Tiverigh., Mak. (Sch.): *weh.* Mak., Arek.: *wae.* Mot.: *güicho,* Car. (Th.): *weya,* Ak. (Th.): *weyana,* Mac. (Th.): *wey.*

Sonnenstrahl [z. B. der durch das Dach auf den Fußboden fällt] (rayo de sol) [v. g. que cae por el tejado en el piso] *wéi amóťęťi, wéi amóťęťę.*

Schatten (sombra) *yamóťęťę.*	Trio 2: *amąli-li.* Up.: *i-amorenępö.*

Morgenröte (aurora) *ę(x)mákęnę(x)kayákanę* (vgl. geboren werden).

Frühmorgens (de madrugada) 1. *kóko.* 2. *kókonęji.*	Carij.: *beï coconénéchi* = Nacht. (= soleil couché). Nacht: Tam., Pauxi, Rouc. 1, Ap. 3: *coco.* Gal.: *cooquo.* Cum.: *cocoňe.* Api.: *kok.* Kal.: *kokorone. koko* = Abend. Trio 2: *kokolo. koko* = Nacht. Carin.: *okoné.* Carij.: *coconénéchi* = Abends. Rouc. 2: *cocopsic* = frühmorgens. Up.: *kokopsik. koko* = Nacht. Trio 1: *oueï toukouné* = Nacht (= soleil couché).
Abenddämmerung (crepúsculo) *kokónyęnęji.*	Kal.: *koko* = Abend, *koňe* = Mittag, Nachmittag. Trio 2: *wéi kokoňe* = untergehende Sonne; *koko* = Nacht. Up.: *koko* = Nacht. Yauap.: *konkri.*

Morgen (mañana) *hęnáťę(x)katę.*

Mittag (mediodía) *atúnauę.*

Abend (tarde) *kokónyęnęji.*	Kal.: *koko, koňe* = Nachmittag.

Tag (día) *ěťětaǵnai.*

Nacht
(noche)
1. *uaŧúmẹ, waŧúmẹ.*
2. *uaŧúmẹnẹ̌ji.*

Rouc. 2: *ouaroumé* = Dunkelheit; *oualounac, oualouna* = Abend. Up.: *ualunak* = Abend. Kal.: *taŧalume nunạ* = Neumond.

ein Jahr (un año) *ŧẹnyiŧẹ̌nẹhāmẹ.*

ein Monat
(un mes)
ŧẹnyinúnẹ(=einMond).

Chaym.: *tiuin nuna.* Gal.: *ahuinique nouna.* Kal.: *nunạ* = Monat.

Regenzeit
(estación de las lluvias)
konóhoẹhúkäŧẹ.

Kal.: *kẹnópo-yakạ.*

Trockenzeit (estación de la sequedad) *kúŧẹnaịŧẹ́i* (= schöne Sonne).

Mond
(luna)
núnẹ.

Chaym., Tam., Gal., Pian. 1, Maiongk., Waiyam., Bak.: *nuna.* Kal.: *nunạ.* Ap. 1, Ak., Cum., Car., Carin., Api.: *nuno.* Rouc. 1: *nounou.* Ap. 3, Ar.: *nouna.* Ap. 2: *nou-nan.* Pian. 2: *nouneu.* Rouc. 2: *nounoueu, nounoué.* Up.: *nunuö.* Carij.: *nounoua.* Trio 2: *nunö.* Nah. 1: *nune.* Pauxi: *noune.* Par.: *nòné.* Woy.: *nuni.* Maqu.: *nonna.* Inselkar.: *nonum.* Tiverigh.: *niano.* Gal. (S.): *noonéboi.* Pim.: *nullu.* Mot.: *kuna,* Car. (Th.): *noo-nah.*

Neumond (luna nueva) 1. *nẹhátaka núnẹ*[1]. 2. *nẹhátaka jínẹŧẹ núnẹ.*

Vollmond (plenilunio) *mónomẹnúnẹ* (= großer Mond).

Mondesfinsternis (eclipse lunar) *núnẹ náhẹ̄hẹ* (= der Mond stirbt).

Sonnenfinsternis (eclipse de sol) *ŧẹ́i náhẹ̄hẹ* (= die Sonne stirbt).

ringförmiger Mondhof (corona de luna) *mẹŧóji.*

Stern
(estrella)
(d)siŧíkẹ.

Mak. (Sch.), Arek.: *sirike.* Trio 2: *sirŧö.* Pauxi: *siriké.* Maqu.: *tschirike.* Rouc. 2: *sirica, siriké.* Waiyam., Arek., Tiverigh.: *serika.* Up., Kal.: *sirika.* Tam.: *cirica.* Ip., Mak.: *chiriquy.* Gal., Car., Mak., Pian. 1: *siriko.* Woy.: *serego.* Chaym., Cum.: *chirke.* Inselkar.: *chiric* = Plejaden, Jahr. Par.: *serikorò.* Ap. 1: *chilicoto.* 2: *siricouato.* 3: *chiricouato.* Ar.: *tiri.* Api.: *tiriṅ.* Bak.: *tširimúka.*

Morgenstern (estrella de mañana) *(d)siŧikẹ́yoto.*

Abendstern (lucero vespertino) *näŧižikato.*

Skorpion, Sternbild (escorpión, constelación) *ẹkẹ́imẹ* (= Riesenschlange, boa).

nördlicher Teil des Eridanus, Sternbild (parte septentrional de Erídano, constelación) *ihẹ́(x)mẽnẹ̃;(mẽnẹ* = Haus).

Sirius und andere Sterne erster Ordnung (Sirio y otras estrellas del primer
orden) *yaụí* (= Fischotter, nutria).

Walfisch, Sternbild (ballena, constelación) *kaikúji* (= Jaguar, onza [felis onza]).

---

[1] = „er ist erschienen der Mond."

Krone, Sternbild (corona, constelación) 1. *ę́tękę̆*. *2. ětękë* (= Gürteltier, armadillo).

Taube, Sternbild (paloma, constelación) *uótoyamałátāłi* (= Bratrost, parillas).

Rabe, Sternbild (cuervo, constelación) *híana* (= Geier, buitre).

Plejaden, Sternbild, (pléyades, constelación) *mómāno*.	Trio 2: *mạmanạ*.

Löwe, Sternbild (león, constelación) *ísułu* (= Krebs, cangrejo).

Milchstraße (via lactea) *(d)ziłíkę dëmę́* (= der Stern kommt)[1].

Eridanus, südlicher Teil des Sternbildes (parte meridional del Erídano, constelación) *ëkęi* (= Yararáka-Schlange, Yararaka-culebra).

Erdboden (tierra, suelo) *nóno, nónụ*.	Gal., Cum., Chaym., Tam., Bon., Carij., Rouc. 1, Ap. 3, Maiongk.: *nono*. Kal.: *nạnạ*. Trio 2: *nạnạ* = Staub. Pim.: *nunu*. Maqu.: *ńono*. Yauap.: *nonå*. Mak.: *non* = Platz. Mac. (C.): *non*. Inselkar.: *nonum*. Krisch., Ip.: *noné* = Platz. Nah. 1: *noro, õro*. Bak.: *ŏno*. Waiyam.: *oono*. Ar.: *oro*. Api.: *roń*. Mak. (S.): *nung*. Arek.: *nunk*. Rouc. 2: *lomo*.
Savane, Campo (campo, sábana) *uowí*.	Gal.: *ouói*. Trio 2, Kal.: *woi*. Inselkar.: *óhi*. Carin.: *ouori*. Bak.: *póhi, póže, póze*. Palm.: *weše*. Rouc. 2, Ap. 2, 3, Pian. 2, Up.: *ona*.
Weg (camino) *ęsę́ma*.	Cum.: *ezema*. Tam.: *accemà*. Chaym.: *azama*. Ap. 2: *océma*. Krisch.: *iemá*. Mak.: *iemary*. Trio 2: *woima*. Ip.: *eiman*. Inselkar.: *ema*, Up.: *hema, ema, oma*. Ar.: *oména*. Gal., Rouc. 1: *oma*. Kal.: *óma*. Rouc. 2: *héma, oma, chima*. Bak.: *ŏua, åwa, ŏå*. Ap. 3: *ocenia*. Mak. (N.): *wuà nen*.

Berg (montaña) *tëhu* (vgl. Stein.)

Wald (bosque, selva) *itu*.	Carij.: *itou, itoutatoué*. Trio 2: *itu*. Ap. 1, Pian. 2: *itou*. Bak.: *ítu*. Kal.: *ityulu*. Api.: *itua*. Ap. 3: *ito*. Gal., Rouc. 1: *itouta*. Rouc. 2: *itouhta, itoutao*. Ap. 2: *itouta-oua*. Up.: *ituta*. Palm.: *hito*. Nah. 1: *isú*. Tam.: *jutu*. Chaym.: *yuto*. Cum.: *tuto*. Mak.: *jù*. Par.: *jurá*. Yauap.: *tiŏ*. Ar.: *ipounan*.
Loch (agujero) *nōnotáłi, (nóno-otáłi* = Erdloch).	Rouc. 1: *nono catori* = Erdloch. Ap. 2: *éutari*. Rouc. 2: *eéta, itare*. Bak.: *etári, ctáł*. Tam.: *y-otta*. Cum., Chaym.: *ch-euta, ch-outa*. Ak.: *ehutah*. Kal.: *tạpu watạ-li* = Loch im Felsen.

Grab (sepultura) *nóno ahïkahę̆*.

Höhle (caverna) *tę̆hutāłi, tëhotāłi (tę̆hu-otáłi* = Steinloch).	Kal.: *tạpu watạ-li* = Loch im Felsen. Rouc. 2: *tépou eéta*.

---

[1] Vielleicht: „(wo) die Sterne kommen".

Insel (isla) *amótāłi.*	Carij.: *amontari.* Ap. 1, 2, Rouc. 1, Up.: *amonta.* Ap. 3, Pian. 2: *ahmonta.* Rouc. 2: *ahmonta, amotao.* Maqu.: *rantari.* Trio 2: *tiamata.*
Sand, Sandbank (arena, banco de arena) *(d)zamútu.*	Rouc. 1: *samboutou* = Sand, Sandbank. Rouc. 2: *samout.* Up.: *hamut,ʽ samut.* Ap. 2: *saoutou.* Trio 2: *samu.*
Stein (piedra) *tẹ̆hu* (vgl. Berg).	Nah. 1: *tehu, tävu.* Inselkar.: *tebou.* Tam., Krisch.: *tepu.* Rouc 2, Pian. 2: *tépou.* Trio 2: *tẹpu.* Up.: *tẹpú.* Carij.: *tepo.* Rouc. 1, Carin., Ap. 2, 3: *topou.* Gal., Ap. 1: *tobou.* Par.: *topù.* Cum.: *topo.* Kal.: *tạpu.* Pim.: *tappu.* Yauap.: *tubá.* Palm.: *taupo.* Ak.: *toiboh.* Maqu.:˜*thaho.* Opone: *tojú.* Bak.: *túxu.* Mak.: *té.* Mak., Arek.: *dŏ.* Mak. (N.): *tŏ.* Ar.: *ipoui.* Api.: *ewŏ.* Mot.: *tose.*

kleiner Stein (piedra pequeña) *tẹ̆hu múgułu.*

Eisen (hierro) *háiła.*

Silber (plata) *łáta.*

Salz (sal) *hámẹ̆.*	Chaym.: *pamue.* Cum.: *pamo, pamuir.* Mot.: *pamú.* Gal., Palm.: *pamo.* Ip.: *pam.* Mac. (C.): *pan.* Krisch.: *panim.* Mak. (Sch.), Arek.: *pang.* (Arawaak, Warrau: *pam*).

C. Haus, Gerät — Casa, ajuar:

Haus, Dorf (casa, aldea) *mḛ̆nẹ̆.*	Carare: *mune.* Gal.: *amoigna.* Gal. (S.): *maĭna* = Pflanzung. Inselkar., Gal.: *mayna* = Garten. Kal.: *maña* = Acker, Pflanzung. Up.: *maina* = Acker, Pflanzung. Trio 2: *muinŏ* = rundes Haus. Rouc. 1, Inselkar. (R.): *maĭna* = Pflanzung. Rouc. 2: *maĭna, ima* = Pflanzung. Ip.: *mainam* = Pflanzung. Nah. 1: *ine, üne.* Sonst: Carij.: *ata.* Bak.: *ạta.* Tam., Inselkar., Mak., Arek.: *aⁿtè.* Tam.: *jèuti.* (Bak.: *yéti* = mein Haus). Gal.: *auto.* Kal.: *autạ.* Carin.: *atto, aouto.* Maqu.: *ahute.* Ak.: *yeowteh.* Mak.: *euetė.* Par.: *evŏdé.* Chaym., Cum.: *pata, patar* = Dorf. Rouc. 1: *pata, pati* = Dorf. Trio 2: *pata* = Dorf. Up.: *patá, patárẹ* = Dorf. Krisch., Ip.: *upatà.* Mak.: *patá* = Stadt. Tam.: *patali* = Dorf. Nah. 1: *auáveto* = Dorf. Ar.: *aora.* Api.: *ouro.* Ap. 2: *tapouie.* Ap. 3: *tapoui.*

Niederlassung der Weißen (colonia de los blancos) *yałánaįmḛ̆nẹ̆.*

Baracke zum Schlafen (barraca para dormir) *hakŏło.*	Rouc. 1, 2, Trio 1, Pian. 2: *pacolo* = Haus. Trio 2: *pakolo* = Haus, Hütte, Schutzdach. Up.: *pákolo* = Hütte.

Dach (techo) *mḛ̆nẹ̆łẹ̆tẹ̆łi, mḛ̆nẹ̆łẹ̆tẹ̆łẹ̆.*

Eingang (entrada) *otáłi* (= Loch).

Ausgang (éxito) *mḛ̆nẹ̆łohĕłi.*

Klapptüre des Eingangs (puerta de válvula de la entrada) *otáłi ahułútoho.*

Seitenwände (paredes laterales) *mẽnẽ atẹ́toho.*

Giebelwände (paredes de frontis) *aƚáuõnyi, aƚáwõnyi.*

Strebepfosten (poste espolón, contrafuerte) *uakúƚimẹ, wakúƚimẹ.*

Dachbalken (vigas de techo) *mẽnẽtáƚāƚi, mẽnẽtáƚāƚẹ.*

horizontale Querbalken, die das Dach tragen (travesaños horizontales como sotabancos del techo) *ẹtaíhuƚu.*

Längstragebalken des Hausdaches (sotabanco longitudinale del techo de casa) *mẽnẽƚetẹ́ntoho.*

horizontale Dachsparren (vigas horizontales del techo, cabrios horizontales) *igáƚẹhuƚu.*

Pflanzung (plantío) *tuhítẹ.*	Trio 2: *tepitö.* Ap. 3: *toupita.* Rouc. 2: *i-toupi.* Ap. 2: *ou-toupi.* Bak.: *ɑpa-híti* = Mandioka-Pflanzung; *anaži-hiti* = Maispflanzung. Ar.: *toucta.* Cum.: *tezne, tetune.*

verlassene Pflanzung (plantío desamparado) *tuhítẹbẹ.*

Sitzschemel (escabel á estar sentado) *ëhẹ́i.*	Carin.: *aponi.* Ap. 3: *ipoi tapo.* Chaym.: *aponoto.* Cum.: *aponto* — Stuhl.

Hängematte (hamaca) *atáƚẹ.*	Carij.: *ɛtɑté.* Rouc. 1: *etati.* 2: *état.* Up.: *état.* Ap. 1, 2: *atouato.* Ou'ayeouè 2, Ap. 3: *atouéta.* Bak.: *aéta, áita, aidá, awéta.* Opone, Carare: *atá.* Mak., Arek.: *autah.* Maqu.: *ehueƚe.* Cum.: *etuɛ.* Trio: *oueitapi.* Inselkar. (R.): *akat.* Gal.: *acado.* Api.: *aruat.* Ar.: *orouat.* Nah. 1: *ätire, uvítira.* Kal.: *pati.* Trio 2: *uitapi, waitapi.*

Hängematte aus Mirití (hamaca de murichi, Mauritia flexuosa) *koáiataƚɛ.*

Hängematte aus Tucum (hamaca de tucum) *amánaataƚẹ.*

Hängematte aus Baumwolle (hamaca de algodón) *máuƚukahẹhẹataƚẹ.*

Tuch (paño) *ƚúhühi.*

Miritífaserknäuel (ovillo de hilos de fibras de murichi) *koaiƚẹhuƚu.*

Tucumfaserknäuel (ovillo de hilos de fibras de tucum) *amánaƚẹ́huƚu.*

Hafen (puerto) *atauɛ́toho.*

guter Platz im Wald zum Nachtlager (sitio propio para pernoctar en la selva) *onítoho.*

Blätter der Caraná-Palme zur Dachbekleidung (hojas de palma Caraná para cobertizo de techo) *uaƚɛ́koƚe.*

Baumwolle (algodón) *máuƚu.*	Car.: *mahourou.* Gal., Rouc. 1, 2, Ap. 3, Pian. 2: *maourou* = Baumwollstrauch. Ap. 2: *maourou zoco* = Baumwollstrauch. Kal., Up.: *mauru.* Trio 2: *maulu.* Inselkar.: *manhou-lou, manoulou.*

Baumwollfaden (hilo de algodón) *mauƚuɛ́(x)mẹhẹ.*

Bratrost für Fische
(parillas para peces)
ikújakábẹ̆ti.

Trio 2: *yarakabu.*

Herdplatte
(chapa de hogar)
ẹ̆tiho, ẹ̆ti(x̣)o.

Kal.: *aliño* = eiserne Scheibe zum Backen der Mandiokafladen.
Up.: *alinat* = Tonscheibe zum Backen der Mandiokafladen.

Brettchen zum Umrühren der zu röstenden Farinha (tableta para remover farina á tostar) *wëiẹyétẹhimótoho.*

Fischnetz (red [para pescar]) *hámīti, hámẹ̆ti.*

Fischfalle (trampa de pescar) *mŏdyo* (ling. ger.: *kakurí*).

spitzer Fischkorb, Reuse (nasa) *mŏ(d)yo* (wohl dasselbe Wórt wie für „Fischfalle").

kleiner spitzer Fischkorb, Reuse (nasa pequeña) *majíua.*

kleines Fischnetz für kleine Fische und für Fischfallen (red pequeña) *hix̣já-nōhámẹ̆ti* (= *hitx̣áno-hámẹ̆ti* = kleines Fischnetz).

großer Tragkorb der Weiber (banasta grande de las mujeres) *áduxtẹ, átuxtẹ.*

kleines rundes Hängekörbchen (cestilla colgada rotonda) *adúxtẹ múgŭtu.*

großer flacher Korb (canasta grande llana) *uẹdyáhẹhi, wẹdyáhẹhi.*

großes Mandiokasieb, flach, mit weiten Maschen (criba grande de Mandioca) *uinohótoho.*

Mandioka-Reibebrett
(rallo de Mandioca)
jímāti.

Inselkar.: *chimali.* Rouc. 2: *simali.* Trio 2: *simáli.* Up.: *simali* = Raspel aus Eisenblech. Mac., Krisch., Ip.: *chima-riri.* (Rouc. 1: *aroua.* Carij.: *tarouati*).

großer Holztrog für Kaschirí-Bereitung (artesa grande de leño á preparar Chicha) *hitána.*

lange aus Palmblättern geflochtene Matte zum Zudecken des Kaschirítroges *hitána au̯tútoho.*

kleine viereckige Matte zum Zudecken der Gefäße *hákatátikáhẹhé*[1].

große aus einem Mirití-Blatt geflochtene Matte *koaíātikáhẹhẹ.*

Feuerfächer (abanico [grande] de chimenea) *hëdẹ.*

Ton
(arcilla)
káuta.

Kal.: *akura.*

blauer Töpferton
ẹ̆tinẹ.

Rouc. 2: *arioué.*

Kochtopf
(puchero)
ẹ̆tinẹ.

Chaym.: *erine.* Opone: *orini.* Carij.: *érina.* Trio 2: *alinö* = Tontopf; *alina* = eiserner Topf. Mak., Arek. (Sch.): *aina.* Rouc. 2: *orinat, arinate* = platine. Pian. 2: *orinat* = platine. Ap. 2: *orinato* = platine.

[1] Eigentlich: „*hákata-áti-káhẹhẹ*".

Wassertopf (olla de agua) *dχûhi.*

Untersatz, aus Stäbchen und Cipó geflochten, für Töpfe *taméméhútu.*

großer Topf für Kaschirí (olla grande de Chicha) *dχuhíme.*	Gal.: *touma* = irdener Topf. Rouc. 1: *toumeri* = irdenes Geschirr. Rouc. 2: *touma* = Brühe. Gal. (S.): *toumaiene* = Kessel.

große tiefe Schale für Manikuéra[1] (fuente grande y honda para manikuera) *kajttiyétoho.*

Manikuéra-Brühe[1] (caldo de manikuera) *kájiti,˜ká(d)ziti.*	Gal.: *cassiri* = Mandiokabrühe. Ap. 2: *cachiri* = Brühe. Rouc. 1, 2, Pian. 2: *cachiri* = Getränk. (Lingoa Geral [Tupi]: *kaširi* = berauschendes Getränk).

Topfschale zum Essen (plato hondo para comer) *taméme(d)yéne.*

glatter gelber Kiesel zum Glätten der Gefäße (guijarro liso amarillo para pulir la vajilla) *sáka.*	Sand: Gal.: *saca, sacau.* Kal.: *sakau.* Inselkar.: *chàcao,* (R.): *sáccao.* Cum.: *chacau.* Chaym.: *chicao.*
Löffel (cuchara) *dutubéta, (d)zutubéta.*	Trio 2: *supu.* Up.: *sepu.*
gewöhnliche mittelgroße Trinkkalebasse (calabaza para beber de tamaño medio) *katíuaime.*	Rouc. 2: *carapi, caripo, calipo* = vases à boire. Up.: *kalapi* = Trinkkürbis. Ap. 2: *caroua* = vase à boire.

sehr große Trinkkalebasse, z. B. zum Kredenzen von Kaschirí (calabaza muy grande para ofrecer chicha) *katíuamóno.*

geflochtener Schlauch zum Auspressen der Mandioka [ling. ger. tipití] (otre tejido para aprensar la mandioca) *maxtáhi.*	Carij.: *cani-iou.* Kal., Trio 2, Ap. 3: *matapi.* Rouc. 1: *matapi* = nicht giftige Schlange. Gal.: *matapi.*

Feuerzunder (yesca) *mahótomátoho, mahótomátoho.*

Schaum auf der Manikuéra (espuma de manikuera) *kajttiáko.*

---

[1] Abgekochter Mandiokasaft, ein nahrhaftes und erfrischendes Getränk.

großes tiefes Sieb mit engen Maschen zum Auspressen der Mandiokamasse (tamiz grande y hondo á mallas angostas para exprimir la masa de mandioca) *manáłe, mánāłe.*	Cum., Chaym., Ap. 2: *manaré.* Rouc. 2: *manaré, omkali.* Carin.: *manaré.* Kal., Up.: *manari* = viereckiges Sieb. Trio 2: *manare* = viereckiges Sieb. Inselkar.: *manalé.* Gal.: *manalé, manaret.* Ap. 3: *manaré.* Bak.: *manáre, manalé.*

großer zylindrischer Behälter zum Aufbewahren von Mandiokamasse (recipiente grande cilíndrico para conservar la masa de mandioca) *wëi(d)yēnę.*

dreieckiges Gestell für das große Mandiokasieb (estante triangular para el tamiz grande de mandioca) *ka(d)yáke* (= Hirsch).

die beiden festen Horizontalstäbe dieses Gestells (los dos palos fijos horizontales de dicho estante) *ka(d)yákętałáłę.*

der eine lose Horizontalstab dieses Gestells (el palo suelto horizontal para dicho estante) *mánałęhúłu.*

Sonnendach [Tolda] des Bootes (tolda de barco) *kanáua mẽnę* (= Bootshaus).

die drei tönernen Herdfüße (los tres piés de barro del hogar) *kahúła* (vgl. Ton).	Trio 2: *kaula* = Stein als Untersatz des Topfes.

Horizontalstange, an der das Tipití beim Mandiokapressen hängt (la palanca horizontal en que está colgado el tipití al exprimir la mandioca) *maxtádyęhu.*

andere Horizontalstange, auf die sich die Weiber setzen, um das Tipití in die Länge zu ziehen und den Saft dadurch auszupressen (otra palanca horizontal en que las mujeres se sientan para alargar el tipití y exprimir así el jugo) *uikanúxtoho, wikanúxtoho.*

Ring aus Lianen geflochten, durch den die untere Stange gesteckt wird (anillo tejido de lía, por el cual pasa la palanca inferior) *maxtá(d)yęhuęuāłi.*

Fackel aus harzigem Holz (antorcha de madera resinosa) *túłi.*	Inselkar., Gal.: *touli* = Lampe. (Lingoa geral [Tupi]: *turí* = Fackel).

Gerüst für Fackeln (estante para antorchas) *túłięhúłu.*

Ring aus Rinde, um Tabak zu pressen und zu trocknen (anillo de corteza para prensar y secar el tabaco) *támętukáhę.*

Mörser (mortero) *áko, ágo.*	Rouc. 2, Ap. 2, 3: *aco.* Trio 2: *akạ.* Krisch.: *acui.* Ip.: *uiacui.* Mak.: *a'.* Bak.: *éγo, áγo.* Ar.: *agna.*

Stößel (la mano del mortero) *anǻji tukátoho*.

Gerüst an der Hauswand, um Sachen darauf zu legen und anzuhängen (entablado en la pared de la casa para colocar y colgar en él diversos objetos) *(d)zaťákahu*.

Instrument zum Durchbohren von Zähnen für Halsschmuck (instrumento para perforar los dientes que sirven para adornar el cuello) *kaikúji yẹ́ťi atohótoho*.

Hängestühlchen für kleine Kinder, Gehstühlchen (sillita para colgar para niños chicos) *mǻ<u>ḷ</u>eṭeṭẹ*.

Tragbinde aus Bast für kleine Kinder (correa de basto para llevar á los niños chicos) *mǻ<u>ḷ</u>ẹuẹ(x)nẹ́hǻťu*.

kleines Kästchen, aus Palmblättern ge-flochten, zum Aufbewahren von Perlen u. a. Kleinkram (cajita pequeña tejida de hojas de palmera para conservar perlas y otros objetos menudos) *hakǻťa múguťu*.	Trio 2: *pakala* = Pagal, geflochtene Dose (große und kleine). Up.: *pakalá, pakará* = Pagal, Blechkasten, Koffer. Chaym., Ap. 2, Rouc. 2: *pacara*. Gal.: *pagara*. Inselkar.: *bacalla*.
Beil (hacha, segur) 1. *uěuě, wěwě*. 2. *majǻdo*[1].	Tam.: *ueve*. Par.: *uö-uö*. Inselkar.: *hoǜé-hoǜé*. Gal., Carij., Rouc. 1, 2, Ap. 1, 2, 3, Carin., Pian. 2: *ouioui*. Kal.: *ui-ui* = Beil von Stahl; *ui-ť* = Steinbeil. Up., Trio 2: *ui-ui* = Stahlbeil. Palm.: *hō-hē*. Nah. 1: *üh . . ., ü*. Bak.: *pǻi, mpe*. Chaym.: *pure*. Api.: *owinēuṅ*. Ar.: *oouinème*. Mak. ·(N.): *vuagà*. Mac. (C.): *ouaca*.
Steinbeil (hacha de piedra) *ťwotẹ̆hu* [= Gespensterstein, Stein der Vorfahren].	Rouc. 1, 2: *potpou*. Up.: *pótpu*. Trio 2: *pohpu*.
Messer [größeres Messer] (cuchillo) *kẹ́sẹ, kẹ́(d)zẹ, iuǻ(d)za*.	Nah. 1: *kuzé*. Inselkar. (R.): *couchique*. (Lingoa geral [Tupi]: *kisé*). Carij.: *iaoussa*.

kleineres Messer (cuchillo pequeño) *kuťǻgonákanẹ*.

Taschenklappmesser (cuchillo de bolsillo) *yǻuãha*.

großes Waldmesser (machete) *mǿno iuása* [= großes Messer.]

---

[1] Die großen deutschen Äxte benannten sie mit dem alten Karaibenwort „*wěwě*"; die kleineren amerikanischen Äxte (Marke „Collins") mit dem spanischen Wort „*majǻdo*".

Einbaum (canoa) *kanáua.*	Inselkar. (R.), Gal., Rouc. 1, 2, Ap. 2, 3, Pian. 2, Carin., Ouayeouè 2: *canaoua*. Par.: *kanauá*. Inselkar.: *canaoa*. Mac. (C.): *canâoa*. Up., Trio 2: *kanáwa*. Opone: *canavá*. Carij.: *canaouaya*. Mac. (G.): *canau*. Ap. 2: *caanari*.

Montaría [Einbaum mit Plankenerhöhung] *kanauaįmę múguťu.*

Ruder (remo) *húťa.*	Trio 2: *pula*. (Wapischána [Aruak]: *poure*).

Bogen (arco) *ueťaha, weťaha.*	Gal.: *ouraba, ourapax*. Inselkar.: *ullaba*. Par.: *ulapá, urapá*. Bon.: *urapá*. Kal.: *ulaba*. Trio 2: *ulapa*. Arek., Pian. 1, Krisch., Ip.: *urápa*. Car., Mak. (Sch.): *hurapa*. Mac. (G.): *urapá*. Mak. (N.): *olápà*. Ak.: *ureba*. Waiyam.: *urahaberagha*.

Bogensehne (cuerda del arco) *ueťaha ęuāťi*[1], *weťaha ęuāťi*[1].

Pfeil (flecha) *hóu(d)ya, hú(d)ya.*	Pian. 1, Mak. (Sch.), Arek.: *purau*. Chaym.: *pure, pureu*. Palm.: *puĕra*. Inselkar.: *bouléoua*. Ak.: *pulewa*. Car.: *purrewa*. Car. (Th.): *puròwah*. Ak. (Th.): *purrow*. Bon.: *purêna, purená*. Carin.: *pourioui*. Mak.: *polŏu*. Pim.: *pürarüh*. Waiyam.: *parau*. Rouc. 1, 2, Ap. 3, Pian. 2: *piréou*. Mac. (G.): *pereú*. Mac. (Th.): *perrow*. Ap. 1: *piroou;* 2: *piraou*. Bak.: *püléu, piráu*. Tam., Cum.: *preu*. Pauxi: *préou*. Trio 2: *pléu*. Up.: *piléu, plíu*. Krisch.: *upreu*. Chaym.: *upre*. Nah. 1: *hüré, xüré*. Api.: *pirom*. Ar.: *pouirame*. Par.: *uaràmöu*. Gal.: *plia*. Kal.: *pliua*.

Pfeilspitze (punta de la flecha) *dihámatonáťę* („*onáťi*" = Nase).

Holz, in dem die Spitze steckt (madera que contiene la punta) *hú(d)yaęhuťu.*

Widerhaken (garfio) *dihámatayēťi* („*yęťi*" = Zahn).

Handende des Pfeiles (la otra extremidad de la flecha) *dihámata akęnátoho.*

großer, vergifteter Pfeil (flecha grande envenenada) *uťaháťęťę, uťaháťęťi.*	Curare-Pfeilspitzen: Trio 2, Up.: *urali*.

Futteral für die Spitzen der großen vergifteten Pfeile (estuche para las puntas de las grandes flechas envenenadas) *oaťįjonáťi* oder auch öfters: *oaťījonáťę* („*onáťi*" = Nase).

Keule (maza) *kúmęna.*

Blatt der Keule (cuerpo de la maza) *kumęna atękęťĕ.*

Griff der Keule (puño de la maza) *kumęna handťę* (= Ohr der Keule).

rotes schweres Holz, aus dem die Keule gearbeitet ist [ling. ger.: *mirapára íua*] (madera roja pesada de que la maza está hecha) 1. *kaťána*, 2. *amáťę.*

Blasrohr (cerbatana) *ťádx̣a, (ę)ťádx̣a.*

Köcher (carcaj) *ťādx̣áťiīho.*

---

[1] Öfters auch: „*ęuāťę*".

Giftpfeilchen (flechita envenenada) *tādxátiti.*

Blasrohrvisier (visera de la cerbatana) *tādxonáte, tādxonáti (tádxa ónáti =* Blasrohrnase).

Blasrohrreiniger (instrumento para limpiar la cerbatana) *tátxa atxítoho.*

Pfeilgift (veneno para flechas) *kutáti.*	Mak. (N.): *uráli.* Par.: *urari.* Rouc. 2, Pian. 2: *ourari.* Kal., Trio 2, Up.: *urali.* (Lingoa geral [Tupi]: *uirarí*).

Samaúma-Wolle (zum Umwickeln der Giftpfeilchen) (lana-samaúma [para envolver las flechitas envenenadas]) *máütu* (= Baumwolle).

Gifttöpfchen (ollita para el veneno) *kutátiyēné.*

Angel, Angelhaken (anzuelo) *kewéi.*	Chaym.: *coguey. queguey* = gespaltene Zunge der Schlange. Tam.: *covei.* Kal.: *kowai.* Gal.: *coué, couci.* Inselkar.: *keoüë, kéoüe.* Trio 2: *kewe.* Up.: *oka.*

Angelhaken, Widerhaken des Angelhakens (garabatillo) *kewéi onáte* (= Nase des Angelhakens).

Angelschnur (cuerda del anzuelo) *kewéi eoāti.*

Gewehr (arma) *kóhēto* (Span.: escopeta).

Pulver (pólvora) *kohéto weténéti.*

Schrot (metralla [munición]) *kohéto atéti.*	Rouc. 2, Ap. 2: *alili* = munitions. Trio 2: *arkabussa alili* = Munition. Up.: *alili* = Munition.

Patrontasche (cartuchera) 1. *hákāta.* 2. *tuhúhi hákāta.*	Trio 2: *pakala* = Pagal, geflochtene Dose (große und kleine). Up.: *pakalá, pakará* = Pagal, Blechkasten, Koffer. Korb: Chaym., Ap. 2, Rouc. 2: *pacara.* Gal.: pagara. Inselkar.: *bacalla.*

Pulverhorn (cuerno para la polvora) *hákahánahe.*

Hüftschnur (cuerda que pasa por el anca) 1. *kutauaíto* 2. *kutauaíto émehe.*	Kal.: *kulawa* = Seil. Up.: *kurúa* = Tau, Schnur. Trio 2: *awa* = Seil.

Kurauá-Fasern (fibras de kurauá) *kutauaíto.*	Up.: *kulewate, kulaiwatti.* Trio 2: *ulawaita.* Inselkar.: *coú- laoüa.* Gal.: *couraoua* = Fasern einer Bromeliacee. Kal.: *kulawa.* (Lingoa geral [Tupi]: *kurauá*). Tam.: *caruatá.* (Tupi: *caragoatá, carauá*). Bak.: *kxaróa, kala.* Ap. 2: *iraoua.*

gewöhnliche Schambinde der Männer auf Reisen (faja ordinaria para cubrir los genitales de los hombres en viaje) *maná(d)so.*

breiter Rindengürtel der Männer (faja ancha de corteza para los hombres)
1. *hóno,* 2. *éxnāme,* 3. *hóno éxnāme.*

Baststoff für diesen breiten Gürtel (género de basto para dicha faja) *hóno*.	Rouc. 2: *pono* = Tanz mit Masken aus Baststreifen. Bak.: *póⁿo, pónu* = Tanzschürze aus Strohstreifen. Up.: *ponu-eni* = europäischer Rock. Kleidung: Chaym., Cum.: *pon*. Ak.: *pohn*. Krisch.: *u-poni*. Yauap.: *porei* = Tuch; *mai-panä* = Tanzmaske.

(bemalte) feinere Bastbinde, die um den breiten Gürtel gelegt wird (venda de basto más fina que se pone alrededor de la cintura ancha) *hóno iyełikahę*.

unterer Bastbehang der breiten Gürtel (franja inferior de basto de las cinturas anchas) *maná(d)zo*.

kleines Bastschürzchen der Weiber (delantal pequeño de basto de las mujeres) 1 *wełiji manáďoři*, 2. *łúhūʰi* (= Baststoff).

Zeug, Hemd, Kleid (género, camisa, vestido) *máułu* (= Baumwolle).

Baststoff, rot (género de basto, colorado) *łúhūhi*.

Hose (calzones) *ihętęího*.

Strohhut (sombrero de paja) *sōhę̧, (d)sōhę̧*.

Leder (cuero) *majíhułihítihę* (= Ochsenhaut).

Papier (papel) 1. *okomúihū*, 2. *yałánaį okomúihū*.

Schrift (escritura) *okomúihū mę̧nułu*.

Bemalung (pintura) *mę̧nułu*.	Trio 2: *ti-menu-le* = gezeichnet. Kal.: *t-imera* = Zeichnung. Up.: *t-imirik-sé* = zeichnen. Mak.: *imenu* = Farbe. Bak.: *iwéno*; bemalen = *iweni*.

Schere (tijeras) *hutumátoho*.

Spiegel (espejo) *uę(d)zę̧nę, wę(d)zę̧nę*.	Ap. 2: *oç-éné*. 3: *ocèné*. Api.: *orenew*. Krisch.: *s-enu-to*. Trio 2: *wéne, yewéine*.

kleiner runder Spiegel (espejo pequeño redondo) *wę(d)zę̧nę múgułu*.

Ohrringe (pendientes) 1. *hanámuka*, 2. *hanámu(x)ka* (cf. Ohr).

Perlen (perlas) *taxmłłęmę* (= rot).

Stift im Ohrläppchen (clavija en la punta de la oreja) *banáłę ałę̧łę*.

Stift in der Unterlippe (clavija en el labio inferior) *yętíęłęałę̧łę*.

Stift in der Nasenscheidewand (clavija en la pared divisoria de la nariz) *yonáłęałę̧łę*.

dreieckiger Silberschmuck, am Hals und in den Ohren getragen (adorno triangular de plata para llevar en el cuello y en los oidos) *hanáḑemę̧łū* (cf. Ohr).

Kamm (péine) *kunę́hęhę* (= Tausendfuß).

Fußrasseln aus Fruchtschalen [Thevetia neriifolia] (cascabeles hechos de cáscaras de frutas para poner en los piés) *kawaí*.	Rouc. 1: *couaì*. 2: *couaye*. Up.: *kuai*. Kal.: *karawąsi* = Beinband aus rasselnden Samen.

Kürbisklapper
(cascabel de calabaza) | Gal., Kal., Trio 2: *maraka*. (Tupi: *marakä*).
māłáka.

ausgehöhlte Stäbe [aus Ambaúvaholz] zum Aufstoßen beim Tanz (palos huecos para marcar el baile) *uåna*. (Aruakstämme des Içána, Uaupés und Apaporís: *uåna*).

geschnitzter Häuptlingsstab (la vara entallada del caudillo) *țemāłakákẹmẹ*.

kleine Handtrommel (tambor pequeño de mano) *tabåłu*.

Trommelschlägel (baqueta del tambor) *wẹwẹaxkuẹ́țẹhẹ*.

Trommelfell (piel del tambor) *tábūłuẹbátāłi*.

Holzzylinder der Handtrommel [aus Ambaúva-Holz] (cilindro de madera del tambor de mano) *tabułẹhułu*.

Schnur zum Anhängen der Trommel (cuerda para colgar el tambor) *tábułẹuāłi*.

große Signaltrommel (tambor grande para señales) *mauałẹ*.

breite Kopfbinde aus gelben und roten Ararafederchen (venda ancha para la cabeza hecha de plumillas amarillas y coloradas de arara) *kułamaĩhõ*.

Aufstecker aus den feinen Federn des weißen Reihers [hinten an der Kopfbinde getragen] (penacho hecho de las plumas finas de la garza blanca [para llevar détras sobre la venda]) *uåła(d)zẹ̄țẹ*.

Affenhaarstricke als Rückenschmuck (cuerdas de pelo de mono que sirven para adornar las espaldas) *ałímimẹhótibẹ*.

Knochen zum Befestigen des Rückenschmuckes (hueso para sujetar el adorno de las espaldas) *i(d)yẹtíhẹbẹ*.

Kasten aus Blattstreifen zum Aufbewahren des Federschmuckes (cajón de hojas para conservar los adornos de plumas) *hakáłaåłikahẹhẹ*.

gelbe glänzende Blätter, aus denen dieser Kasten gearbeitet ist (hojas amarillas brillosas de que este cajón está hecho) *hakałaåłi, hakałaåłẹ*.

braune Bastblätter, die im Kasten zwischen die einzelnen Federschmucks gelegt werden, um sie zu schonen (hojas moradas de basto que se colocan en el cajón entre las plumas para conservarlas intactas) *małá(d)yanõnẹ*.

große 1—1¹|₂ *m* lange Tanzflöte (flauta grande para baile de 1— 1¹|₂ *m* de largo) . *dx̣õxtá*.

dünne scharfklingende Längsflöte (flauta trasversal delgada de sonido chillón) *jiłúłi*.

Panflöte
(flauta de Pan) | Trio 2: *lue*. Up.: *tule*.
sẹ̄łúsẹ̄łu,
(d)zẹ̄łú(d)zẹ̄łu.

kürzere dünne Flöte aus einem Rohr (flauta delgada más corta de una caña) *to(x)to(x)tótoto*.

Yuruparí-Tanzflöte (flauta de baile de «yuruparí») *notihéimę*.

Yuruparí-Tanzpeitsche (látigo de baile de «yuruparí») *tęmányikę*.

tönernes Musik- und Signalinstrument mit dumpfem Ton (instrumento de barro de sonido ronco para música y señales) *uętúimę, wętúimę*.

Kopfreif, aus Stroh geflochten (anillo para la cabeza tejido de paja) *sahíka, (d)zahíka*.

Binde aus Tukanfederchen zu diesem Strohreif (venda de plumillas de tucano para dicho anillo de paja) *dxahókabętu*.

gemusterte Kniebänder, aus Kurauá-Fäden gestrickt (cintas de dibujos variados para las rodillas hechas de fibras de curauá) *katúta*.

Tanzmaskenanzug der Kobéua (mascara de baile de los Cobéuas) *túhũhi* (= Baststoff).	Bak.: *kxualóhe, kxualói* = großer Tanzmaskenanzug.

Metallglöckchen (campanilla pequeña de metal) *háita* (= Eisen).

größeres Metallschellchen (campanilla más grande de metal) *kitíkiti*.

Tanz (danza) *ętęmi*.	Rouc. 2: *érémiiran* = Gesänge, Melodien. Ap. 3: *erèmiano* = Gesänge. Rouc. 2: *érémi-né, élémi* = les paroles du piaye (médecin, sorcier) qui traite un malade.
Tanzweise (melodía de baile) *manāti*.	Chaym.: *u-mana-z* = ich tanze.

Kinderspielbälle aus Maisstroh (pelotas de paja de maíz para los niños) *ahẽjiti*.

Drehkreisel (peonza) *amánahutútoho*.

Brummkreisel (trompo) *amánawĕwĕgę*.

D. Mensch, Familie.

Mensch (hombre, indivíduo) *gętę*.	Carij.: *guiré*. Inselkar.: *ouekelli*. Trio 1: *kiri*. Trio 2: *kili* = Mann. Gal.: *oquiri, oquili, oukéli, oquierí*. Kal.: *wąkit* = Mann. Rouc. 1, 2, Up., Pian. 2: *okiri*. Carin.: *okiri, ouokiri*. Car.: *wokiri*. Bon.: *uqueré*. Ipur., Krisch.: *curai*. Mak. (Sch.): *worayo*. Cum.: *huarazo, huane*. Chaym.: *gurayto*. Mak.: *uratáe*. Ap. 2: *aroutoua*. Ap. 3: *oroutoua*. Bak.: *uyuróto*.

Leute
(gente, hombres)
kaṭihṓna, kaṭi(x)ṓna.

Carij.: *carijona*. Gal., Rouc. 2: *calina* = Indianer. Kal.: *ka-liña* = Galibi, Karaibe. Up.: *kalina* = Indianer. Trio 2, Up.: *kalaiwa* = Brasilianer. Rouc. 2, Ap. 3: *calayoua* = Brasilianer. Ap. 2: *carayoua* = Brasilianer. Ouayeouè 2: *caraïoua* = Weißer. Ouayeouè 1: *carayoué* = Weißer. Inselkar.: *cali-nago*. Carin.: *carina* = Freund; *cariniaco* = *caraïbe*. Bak.: *kxaráiba* = Fremder. Nah. 1: *karáiba* = Fremder. Api.: *karíwa* = Fremder. Yauap.: *kariuá* = Fremder. (Lingoa geral [Tupi]: *kariua* = Fremder, Weißer).

Mann
(hombre)
gëṭẹ́.

Kal.: *waḳiṭ*. Trio 2: *kili*. Up.: *okiri.*

Ehemann
(marido)
ínyō. uẹṭíjiṭnyō.

Araquajú: *üenüo*. Car., Ak.: *winow*. Bon.: *unhó*. Kal.: *móse u-iña* = er ist mein Gatte. Trio 2: *yi-iña*. Mak. (Sch.), Arek.: *hunyo* = mein Mann. Ap. 2: *nio*. Ap. 3: *ogno*. Ar.: *i-o*. Gal.: *yon*. Cum.: *huit, huaner*. Up.: *imnerúm*. Bak.: *ísa.*

Vater
(padre)
i(d)yúmū.

Bak.: *iyúme*. Up.: *yum*. Car.: *youmie, rouime*. Inselkar.: *ioúman, youmáan*. Gal.: *youaman*. Tam.: *imu*. Chaym.: *yum*. Cum.: *umo*. Api.: *oṅmä*. Arek., Mak. (Sch.): *yung-kung*. Pim.: *juju.*

Papa, Kinderwort
(papá)
hãhã́.

Rouc. 1, 2, Ap. 2, 3, Kal., Up., Arek., Mak. (Sch.), Ak.: *papa*. Rouc. 2: *papac*. Trio 2: *pa-ko*. Araquajú: *paptko*. Mak. (N.): *pàpa*. Yauap.: *pápá*. Ar.: *pãpá*. Inselkar., Gal.: *baba*. Gal. (S.): *paapa*. Par.: *papai*. Pian. 2: *papaye*. Mac. (C.): *paapaye*. Nah. 1: *apa*. Carij.: *haïré, teïta.*

Mutter
(madre)
máma.

Mak. (Sch.), Arek., Rouc. 1, 2, Ap. 2, Up., Ak.: *mama*. Mak. (N.): *màma*. Maqu.: *mémé*. Pian. 2: *mamaye*. Mac. (C.): *maamaye*. Par.: *ma mài*. Rouc. 2: *mamac*. Trio 2: *ma-ŋko*. Araquajú: *mamko*. Nah. 1: *ama*. Api.: *yämä*. Ar.: *yémé*. Tam.: *yane*. Ap. 2, 3: *aya*. Kal.: *tata.*

Mama, Kinderwort
(mamá)
máma.

Yauap.: *mámá.*

Schwiegervater
(suégro)
óuōṭi. ówōṭi.

Chaym.: *zaur. yaur.*

Schwiegermutter
(suégra)
uóhẹ; wóhẹ.

Rouc. 2: *otpeu*. Api.: *äṅpö.*

Neffe [Sohn meines Bruders]
(sobríno [hijo del hermano])
íhāṭẹ.

Rouc. 2: *ipahé*. Tam.: *par*. Bak.: *pariyo*. Enkel: Inselkar.: *ibàli*. Krisch.: *opary*. Cum., Chaym.: *par*. Mak.: *ipá*. Ip.: *opá.*

Kind, Säugling
(niño, mamante)
mū̆tẹ.

Knabe: Mak. (Sch.), Arek.: *mureh.* Mac. (G.): *muré.* Car.: *mih.* Mac. (C.): *mou.* Api.: *monī.* Bak.: *iramúto, ɣamúto.* Ap. 3: *loumoncrė.* Gal. (S): *oumoro.* Inselkar.: *moulėkė.* — Kind: Mak. (N.): *mulé.* Trio 2: *muli.* Pim.: *mulörü.* Pauxi: *moriré.* Rouc. 1: *mourou.* Gal.: 'mourou = Kind, Sohn. Carij.: *maourou* = Kind, Säugling. Chaym.: *mur, murer, vmur.* Cum.: *vmur, vmr* = Sohn. Rouc. 1: *mourou-mourou* = Säugling. Rouc. 2: *mouremoure, mouroumourou* = Säugling; *you moumoure* = mein Sohn. — Sohn: Nah. 1: *murü, umuru.* Mak. (N.): *ommù.* Pim.: *muniúng.* Par.: *mei moen.* Bak.: *imėri.* Araquajú: *omériry.*

kleine Kinder (niños) *mẹ̆tẹ́ti, mẹ̆tẹ́tiī.*

Sohn
(hijo)
múgutu.

Ap. 2: *i-moumcourou* = Säugling, *ou-moumcourou, ou-moumourou* = Kind, Sohn. Bon.: *mecó.* Inselkar.: *imákou, imoulou* = mein Sohn. Ak.: *u-mu* = mein Sohn; *u-mògo* = mein Kind.

Enkel [vgl. Neffe, Sohn meines Bruders]
(nieto, cf. sobríno)
bāt̆ẹ́; bāt̆í.

Inselkar.: *ibàli, hibáli* = mein Enkel. Krisch.: *opary.* Cum., Chaym.: *par.* Mak.: *ipá.* Ip.: *opá.* Rouc. 2: *ipari-psic.*

Knabe (muchacho) *mẹ̆tẹ́tiī.*

Jüngling (joven) *1. hẹtómānõ, 2. gẹ̆tẹmúgutu* (= kleiner Mann).

älterer Bruder
(hermano mayor)
hĭhi.

Trio 2: *bibi* = Bruder. Gal.: *heu-ay.* Mak. (N.): *u-ì.* Mak. (Sch.): *uwi.* Ar.: *ipina.* Araquajú: *pya.* Chaym., Ak.: *rui.* Tam.: *lui.* Cum.: *ruyu, ruyo.* Inselkar.: *hanhin.*

jüngerer Bruder (hermano menor) *yakẹ́mihẹ̆.*

Schwager
(cuñado)
hĭhihẹtẹ̆ (= hĭhi bẹtẹ̆, älterer Bruder der Gattin).

Araquajú: *yeutüe.*

ältere Schwester
(hermana mayor)
uẹ̆kó, wẹ̆kó.

Schwester: Par.: *paiká.* Gal.: *ouaca.* Araquajú: *yacunu.* Mac. (C.): *oui.* Car.: *wéwé.*

jüngere Schwester
(hermana menor)
yẹnauotẹ́.

Schwester: Gal.: *enauté.* Chaym.: *uyenachuto.* Bak.: *ėnaruto* = seine Schwester. — Ältere Schwester: Ak.: *yeénutei.* Car.: *yénau.* Mak. (Sch.): *nanu, nanau.* Ar.: *inarou* = Schwester.

Schwägerin (cuñada) *bĕtĕakẹ̆mihẹ̆* (= Gattin des jüngeren Bruders).

Weib
(mujer)
uẹ̆tiji. wẹ̆tiji.

Mak. (N.): *olitschi* = ältere Schwester. — Frau: Rouc. 2, Up.: *oli, ouoliye.* Kal.: *uoli.* Trio 2: *uöli.* Mac. (G.): *uri.* Rouc. 1, Pian 2: *oli.* Gal.: *aou oli* = meine Frau. Inselkar.: *ouelle.* Maqu.: *wiri.* Mak. (Sch.), Arek., Car., (Arawaak): *wohri.* Bon.: *uauri.* Chaym.: *guariche.* Cum.: *huarich tiuyeke* = verheiratete Frau. Pauxi: *orice.* Carin.: *onori.* Trio 1: *oeì.* Carij.: *chiti; aoui chiti* = meine Frau. — Tochter: Gal. (S.): *ouoli.* Gal.: *ouali.* Maqu.: *aricho.* Rouc. 1: *olipsic.* Nah. 1: *uindize.*

Gattin
(esposa)
bĕtĕmáłęnaį (= bĕtĕ-
máłę-naį, Gattin mit
[Partikel]).

> Bak.: *i-wete, i-witi.* Gal.: *poété, pouiti, preti.* Ap.: *pouiti.*
> Kal.: *mase au-puiti* = sie ist meine Gattin. Up.. *ipúit.*
> Rouc. 2: *i-pouit.* Inselkar.: *ti-bouité.* Ip.: *u-pety.* Krisch.:
> *i-poti-quy.* Bon.: *u-puite-n.* Tam.: *putti.* Car.: *puitu.*
> Chaym.: *u-puet.* Cum.: *puit;* Ehemann = *huit.*

Mädchen
(muchacha)
uęłiji múgułu, węłiji
múgułu (= kleine
Frau).

> Trio 2: *uöli.*

Tochter
(hija)
yĕjīłę, yĕjíłi.

> Carij.: *inchiri.*

Enkelin (nieta) *bā(d)yamǔ.*

Vaterbruder [= Papa]
(tio [hermano del
padre])
hǎhã.

> Inselkar.: *bába.* Mak. (Sch.): *papai.* Cum.: *papuer, papue-*
> *yemar.* Rouc. 2: *papa aconn.* Ap. 2: *papa-corané.* (Bak.:
> *tšógo* = Papa = Oheim, patruus).

Mutterbruder
[vgl. Schwiegervater]
(tio [hermano de la
madre])
auōłi, awōłi.

> Inselkar.: *iao, yáo.* Gal.: *yaou.* Kal.: *jawa, jaa.* Ak.:
> *yuauh.* Car.: *yuawu.* Nah. 1: *áuva.* Ap. 2: *éo.* Bak.:
> *yóyu, yóru* = dein Oheim. Bon.: *uemi* = Oheim.

Vaterschwester
(tia [hermana del
padre])
i(d)yę.

> Bak.: *tse* = Mutterschwester = Mutter. — Tante: Rouc. 2: *i-pit.*
> Ap. 2: *y-acoran-pouiti.*

Mutterschwester
(tia [hermana del
madre])
auóhęłi. awó(x)ęłi.

> Gal.: *yaou.* Kal.: *wapa, wapui.* Bak.: *yupíli, zopǔri* = meine
> Tante (Vaterschwester). Inselkar.: *naheupouli* = Vater-
> schwester.

Neffe (sobrino) *imugúłuko.*

Nichte (sobrina) *uęłi, węłi.*

Greis
(viejo)
tamútuhĕ, tamútu(x)ĕ.

> Häuptling: Rouc. 1, 2, Ap. 1, Trio 1, Pian. 2, Ouayeouè 2:
> *tamouchi.* Ap. 2: *tambo, tanmbo, tanonbo.* — Greis: Gal.:
> *tamoussi.* Kal.: *tamuši.* Yauap.: *tamusá.* Rouc. 1, 2,
> Pian. 2: *tamo.* Rouc. 2: *tamouchi-mé.* Ap. 2: *tanmbo-mé.*
> Ap. 3: *tamo-po.* Gal. (S.): *atampoo.* Api.: *tamko.* Ak.:
> *tompoko.* Kal., Trio 2: *tampako* = alter Mann. Up.: *tambo,*
> *tampako* = alter Mann. — alt: Palm.: *tamoáte.* Carin.:
> *tampoco.*

Greisin
(vieja)
notíhĕ.

> Großmutter: Inselkar.: *ïnouti.* Bak.: *inutu, inǔtu.* Cum.:
> *noto.* Chaym.: *not, unot, yuruto.* Tam.: *not.* Trio 2: *nasi.*

Vetter (primo) *yauółi múgułu.*

Cousine (prima) *yauóti ẹjitẹ.*

Großvater (abuelo) *tẹāmú.*	Rouc. 1: *tamo.* Ak.: *tamu.* Ip.: *itamó (itamon =* „Vater"). Bak.: *itámo, itámu.* Kal.: *tamušì.* Cum., Chaym.: *tamor.* Inselkar.: *itamoulou.* Gal., Car.: *tamoko.* Api.: *tamko.* Bon.: *tamunbá.* Arek., Mak. (Sch.): *amoko.* Mak.: *amok.* Mak. (N.): *amongò.*
Großmutter (abuela) *kûku.*	Mak. (N.): *köko.* Arek., Mak. (Sch.): *okoko.* Bak.: *niɣo, ntgo* = Großmama. Rouc. 2, Pian. 2: *couni.*
mein Freund, mein Ge- nosse (mi amigo, mi compa- ñero) *móẹtẹtẹ.*	Mak. (Sch.): *moyeh =* jüngerer Bruder. Mac. (C.): *moyi =* Bruder. Inselkar.: *ibátou =* mein Nachbar. Bak.: *iwóta,* *iwáta.*
Häuptling (caudillo) *intdomŭ.*	Nah. 1: *anetö, anétene.*

Freund (amigo) *uomitoé, womitoé.*

Feind (enemigo) 1. *uẹtoto.* 2. *hẹnẹxtó-* *noko*[1].	1. Carij.: *itoto.* Gal.: *toto, itoto, eïtoto.* Inselkar.: *etóutou.* Rouc. 1, Trio 1: *toto.* Trio 2: *i-tạtạ =* Aucaner (Neger). Up.: *i-toto.* Nah. 1: *utotu, utoto.* Cum.: *i-otodo.* Chaym.: *y-otoy, ch-otoir* Гam.: *y-atoye.* Leute: Tam.: *itoto.* Maqu.: *s-oto.* Cum., Chaym.: *toto, ch-oto.* Rouc. 2: *toto-poc =* Krieg. Bak.: *utóto =* Jaguar. 2. Ap. 3: *achine nonogue =* Feinde. Kal.. *tïoñnonoke.*
Weißer[2] (blanco) *yatánaị.*	Maqu.: *yaranavi.* (Aruakstämme: *yatánaụi.*)

Kolombianer (Colombiano) *ẹtákudxa, ẹtákuʃa.*

Neger (negro) *dukutúmamŭ* (cf. schwarz).

Indianer (indio) *tunaamótẹtẹ(x)tẹtẹno (?)* (*tûna =* Wasser; *móẹtẹtẹ =* mein Freund, mein Genosse).

E. Medizin, Religion, Zauber.

Zauberarzt (médico mágico) *hi(d)yáʃi.*	Bak.: *piaže, piáze.* Cum., Chaym.: *piache.* Ak. (Th.), Mac. (Th.): *peartsan.* Rouc. 1, 2, Ap. 1, Trio 1, Carij., Gal., (Oyampi, Emerillon [Tupi]): *piaye.* Trio 2, Up., Kal.: *piai.* Car. (Th.): *puyai.* Ap. 2: *pouiacie.* Nah. 1: *vüáti.* Tam.: *ptchiachi.*

Arzneimittel (medicamentos) *manāti.*

Krankheit (enfermedad) *ahẹ́(x)kẹ̄tẹ.*

---

[1] Nr. 2 kann auch „Nachbar" heißen.

[2] So werden alle von Osten kommenden Weißen, z. B. die Brasilianer, genannt. Die *Kobéua* (Betoya-Gruppe) und alle Aruak-Stämme dieser Gegenden nennen die Weißen: „*yatánaụi*"; wohl ein Aruak-Wort.

[1] No. 2 puede significar también „vecino".

[2] Así son llamados todos los blancos provenientes de Oriente, p. ej. los brasileros.

Krankheitsgift (virus, humor maligno) *ahę́toho*.

Tabak (tabaco) *tắmę*.	Api.: *tamę*. Cum.: *tamo, tam.* Car.: *tamoh.* Gal., Rouc. 1, 2, Carin., Pian. 2, Ar., Ap. 1: *tamoui.* Kal., Up., Ak: *tamui.* Palm.: *tama.* Ap. 2: *tamouamatari.* Ap. 3: *tamamataré.* Inselkar.: *i-taman-le.* Rouc. 2: *tamou-alili.* Carij.: *tamouinto.* Bak.: *táwe, tắwi.* (Tam., Mak., Arek.: *kauwai, kawai.* Par.: *kau-vài.* Mac. (C.): *caouaye*.).
Zigarre (cigarro) *tắmę uómę, tắmę wómę.*	Ap. 2: *tamoui.* Ap. 3: *tama.* Rouc. 2: *tamouyon.* Ar.: *tamouin.* Chaym.: *tamot.* — Tabakspfeife: Ar.: *tamouétite.* Pim.: *tamitze.* Kal.: *ulemali tamui.* Up.: *tamuion.*

Zigarettenpapier (papel de cigarritos) *tắmę uętę́to, tắmę wętę́to.*

Stammesheros (héroe de la tribu) *temę́kemę*.

Waldgeist [ling. ger.: *kurupíra*] (espíritu del bosque) *tęnyắnomanátętę*[1].

anderer Waldgeist (otro espíritu del bosque) *eładxaíkę*.

Gespenst (espectro) *iwo*.	Chaym.: *ipopuir* = Schatten. Araquajú: *uitpo* = diabolus.

Menschliche Seele nach dem Tode (alma del hombre difunto) *kałihóna amótęhę iwo* (= Leute Schatten Gespenst).

Schatten (sombra) *yamótęłi* (= mein Schatten).	Trio 2: *amali-li.* Rouc. 2: *iamorénepeu.* Up.: *i-amorenępö.* Gal.: *timoueré.*
Name (nombre) *auęyé(d)zętę*.	Kal.: *au i-éte* = mein Name; *éti* = Name. Rouc. 1: *ehed.* Rouc. 2: *éhéd.* Up.: *ehet, eat.* Inselkar.: *iéti* = mein Name; *eyéti* = dein Name. Bak.: *ezéti, ehéti.* Carij., Gal.: *été.* Trio 2: *yeati.* Gal. (S.): *éété* = nennen. Mak.: *essety* = bewundern (?).

Bild (imagen) *dxo(o)ękắłę, txo(ho)ękắłę.*

Traum (sueño) *yesenę́tętę*.	Chaym.: *guezet.*
Sprache (lengua) *uómiłi*.	Rouc. 1: *omili.* Trio 2: *yamili.* Rouc. 2: *omile.* Ap. 2: *omiré.* Pian. 2: *omile* = sprechen. Up.: *omil.* Trio 2: *y-amili* = sprechen, bellen.
Schlaf (sueño) *óni(x)nę*.	schlafen: Carij.: *noniksé.* Kal.: *onaka.* Gal.: *naneguć.* Rouc. 1, 2: *tiniksé.* Up.: *inik-po-wai* = ich will schlafen. Cum.: *hu-enikiaze* = ich schlafe. Trio 2: *uani-po-wai.*

Echo *1. gákętę nęhú(d)yanę, 2. nękamałátęnę uómi.*

Bemalung mit roten Tupfen als Heilmittel bei Erkältung u. a. Krankheiten *jíhę*.	Rouc. 2: *chipé* = peintures sur le corps.

---

[1] In diesem Wort steckt offenbar: „*tę́nyi* = *1*" und „*manátętę* = Brust, Brustwarze".

F. Säugetiere — Mamiferos.

Jagdtier, Wild
(caza, res)
tẹnẹamũ.

Kal.: *tonạmu.* Up.: *tonom, tehem.*

Affe
(mono)
[Cebus fatuellus]
mẹ̆ku, mẹ̆kúimẹ.

Inselkar., Rouc. 1, 2, Ap. 2: *mecou,* Kal., Up.: *meku.* Araquajú: *mécu.* Palm.: *meco.* Yauap.: *mekó.* Pim.: *mǎcú.* Bak.: *mẹ̆yo, mẹ̆go.* (Nah. 1: *kayǒ.*)

Brüllaffe
(mono caraya)
[Mycetes]
ałaụatá.

Carij.: *arabata, garavata.* Inselkar. (R.): *alouata.* Gal.: *alaouata.* Rouc. 1: *arouata.* Rouc. 2: *alouata.* Kal., Trio 2, Up.: *aluata.* Cum.: *arahuata.* Ap. 2: *araata.* Ap. 3: *aratan.* Api.: *arŭn.* Ar.: *aaroun.* Bak.: *aŭri.* Nah. 1: *kavuru.*

Caiarára-Affe
(mono caĩarára)
[Cebus gracilis Spix.]
taụâ̆ji.

Ar.: *tauä* = Affe.

Barrigudo-Affe
(mono barrigudo)
[Lagothrix olivaceus]
ałímimẹ.

Coatá-Affe (Ateles niger): Carij.: *arimimé.* Rouc. 2: *aoualimeu.* Rouc. 1, Ap. 2, Up., Trio 1: *alimi.* Trio 2: *alimi.* Araquajú: *arimina.*

Yurupari-Affe
(mono yurupari)
[Callithrix sciurea?]
kuakuánama.

Rouc. 2: *couanarou* = Sapajou.

Macaquinho *akáłima.*

Oayapisá-Affe
(mono oayapisá)
[Callithrix discolor
    Geof. S. Hil.; Callithrix cuprea Spix.]
uẹkóko.

Rouc. 2: *ouaịcoupit* = singe barbu.

Uacarí-Affe (mono uacari) [Pithecia Ouakary. — Brachyurus Ouakary Spix. — Simia melanocephala Humb.] *ijája*.

Fledermaus (murciélago) [Vespertilio spec.] *te(e)té*.

Chaym.: *lere*. Cum.: *rere*. Gal.: *leré, neré*. Kal.: *leri*. Rouc. 2: *lélé, éré*. Ap. 3: *lélé*. Bak.: *měri* = Vampir.

sehr kleine Fledermaus (murcielago muy pequeño) [Vespertilio spec.] *omótębę*.

Vampir (vampiro) [Phyllostoma Spectrum Geoffr.; Ph. hastatum Geoffr.] *te(e)téime, téteime*.

Jaguar, bunter Jaguar (jaguar, jaguar manchado, onza, tigre) [Felis Onza]
1. *kaikúji*[1].
2. *tęmęnútęmę*.

1. Gal., Carij., Ap. 1, 2: *caïcouchi*. Carin.: *caïcouchi, caïcousa*. Inselkar.: *cahicouchi*. Gal.: *caycouchi*. Kal.: *kaikusi, kaikuši*. Gal. (S.): *kaikechi*. Chaym.: *caicuche*. Mak. (N.): *kaikuschi*. Car., Ak. (Th.): *kaikushi*. Mak. (Th.): *kaikoosi*. Araquajú: *ghaigushy*. Ap. 3: *caïcoussou*. Rouc. 1, 2: *caïcoui*. Trio 2, Up.: *kaikui*. Pian. 2: *caïcoú*. Yauap.: *kokoschi*. (Oyampi [Tupi]: *caïcoui*.)
2. Inselkar. (Breton): *câicouchi timenoule*. Trio 2: *timenule, kemenuleu*.

schwarzer Jaguar (jaguar negro, onza negra) [Felis Onza var. nigra] *đukutúmęmę*.

Silberlöwe (puma, león) [Felis concolor] *taxmítęmę, ta(x)mítęmę* (rot).

Maracayá (Tigerkatze) [Felis pardalis Neuw.] *masátahimo*.

Gal.: *malacaya*. Rouc. 2: *maracaya*. Kal.: *marakaya*. Rouc. 1: *maracaï*. (Lingoageral [Tupi]: *marakayá*. Oyampi [Tupi]: *maracaya* = Katze.) Cum., Chaym.: *guarare, guarure*. Bak.: *kƺorie*.

Micúra [Didelphys spec.] *auátę*.

Inselkar.: *aoàlle* = Art Fuchs. — Stinktier (Mephitis suffocans): Gal.: *aouaré*. Tam.: *avaré*. Kal.: *awari*. Mak.: *wareré*. Bak.: *awá* = Wolf (Canis Azaræ). (Tupi: *avará* = Canis vetulus Lund.)

großer Kamphirsch mit starkem Geweih (ciervo grande con cuernas fuertes ramosas) [Cervus paludosus Desmarest ?] *utáteto*.

Hirschgeweih (cuernas del ciervo) *utáteto hánātę*, oder allein gesetzt: *ihánātę*.

roter, sehr kleiner Hirsch (ciervo colorado muy pequeño) [Cervus rufus Ill.] *kadyákę*.

Rouc. 2: *caracou, caria*. (Oyampi [Tupi]: *cariacou*.) Ar.: *cariamoué*. Bak.: *kƺoséka, kƺohéka* = Kamphirsch. Cum.: *coze, coche*. Chaym.: *coche*. Gal.: *couchari, oussali*. Pim.: *gontziung*.

mittelgroßer Hirsch, (ciervo de tamaño medio) [Cervus campestris Cuv.] *kaháu*.

Ap. 2: *capaou*. Trio 2, Up.: *kapau*. Ap. 3: *capao*. Araquajú: *ghabau*. Pauxi: *gouchaou*. Nah. 1: *ahátara*.

---

[1] „*kaikúji*" ist „Jaguar" „*κατ' ἐξοχήν*".

Hirschkalb *kaháu múguťu.*

Fischotter (nutria) [Lutra brasiliensis] *(d)yaụi.*	Trio 2: *yawi.* Up.: *awawa.* Bak.: *awáya.* Rouc. 1, 2, Ap. 1, 2: *aouaoua.* Carin.: *ouariri(?).* Car. (Sch.): *avaripuya.* Kal.: *awalibuya.* Mak. (C.): *trouara.*
Tapir (tapir) [Tapirus americanus] *maďíhuťi, majíhuťi.*	Carij.: *machihouri.* Ap. 1, 3, Ouayeouè 2: *machipouri.* Ap. 2: *macipouri.* Rouc. 1, 2, Gal., Trio 1, Pian. 2: *maïpouri.* Mak.: *mɑipuri.* Gal.: *maypouri. maipouries.* Carin.: *maïpiouri.* Up.: *maipuri.* Kal.: *maipura.* Yauap.: *meberi.* Bak.: *mǎe.* Nah. 1: *uyali.* Trio 2: *pai.*

Tapirschwanz (cola del tapir) *majíhuťi anuíťiťi.*

Tapirglied (miembro del tapir) *majíhuťi aťókęťę.*

Tapirfuß *majíhuťi huhúťu.*

Capivara [Hydrochoerus Capyvara] *iuёťę.*	Trio 2: *iwuli.* Rouc. 1, 2, Ap. 1, Carij.: *capiouara.* Ap. 2: *capiara.* Ap. 3: *capiare.* Gal.: *cabiouara, cabiaï.* Kal.: *kapia.* Carin.: *capibia.* (Lingoa geral [Tupi]: *kapiuára.* Emerillon [Tupi]: *capiouara.*)
Paca [Coelogenys Paca] *kuťímaụ.*	Rouc. 1,'2, Ap. 1, 2, 3: *coulimao.* Trio 2, Up.: *kulimau.* Araquajú: *ghuriman* (offenbar: *ghurimau*).
Agutí [Dasyprocta Aguti Erxl.] *akúťi.*	Gal., Rouc. 2, Ap. 2: *acouli.* Gal., Ap. 1, 3, Rouc. 1, 2: *acouri.* Kal., Trio 2, Up.: *akuli.* Nah. 1: *akuri.* Ar.: *iacouri.* Yauap.: *akiri,* Gal.: *agouty, acouti, acoulitocon.* Ouayeouè 2: *acoussi.* Rouc. 2: *coichi.* Bak.: *hákxe, háki.* (Lingoa geral [Tupi]: *aguti.* Oyampi [Tupi]: *acouri.*)
Taitetú [Dicotyles torquatus] *hakíťa.*	Carin., Rouc. 1, 2, Ap. 2, 3, Pian. 2, Kal., Trio 2, Up.: *pakira.* Chaym.: *paquera.* Tam.: *pacchire, bacchire.* Par.: *pakӧla.* Gal.: *pockiero.* Bak.: *poekiero.* Mak. (N.): *placa.* Maqu.: *guachari.* Taiasú: Rouc. 1: *pénéké.* Rouc. 2, Ap. 2: *pégnékeu.* Mak. (N.): *pengӧu, paingӧu.* Par.: *poinké.* Bak.: *poséka, pohéka.* — Capivara: Bak.: *pakχiá.* Api.: *pagriwǎ.* Nah. 1: *pakúriza.*
Taiasú [Dicotyles labiatus] *uóto, wóto; uotóimę.*	Carij.: *goto* = Pecari (= Dicotyles torquatus).

Schweinszähne (colmillos de puerco [jabalí]) *uóto(d)yęťi.*

Faultier (perezoso, bradipo) [Bradypus spec.] *uaťękoťę.*	Rouc. 1, 2: *alicolé.* Trio 2: *alikɑle.* Rouc. 2: *aloucolé.* Up.: *alukole.* Gal.: *ouikalé, ouikaré, waricarii.* Pian. 2: *aloucolé* (angeblich: Capivara).
Cuatí, Nasenbär (coati) [Nasua spec.] *txę̃u, dxę̃u.*	Bak.: *x̌eu, šéo. x̌éo.* Up.: *siéu.* Pim.: *kiӓh.* Mak.: *kibihi.*

großer Ameisenbär (yurumí, oso hormiguero grande) [Myrmecophaga jubata]
   hẹtẹ̈mu.

kleiner Ameisenbär
(tamandua, oso hormi-
   guero pequeño)
[Myrmecophaga tetra-
   dactyla]
1. *uatíti.*
2. *uatíji.*

Gal.: *ouariri.* Kal.: *walili.* Bak.: *waríri, warít.* Cum.: *hua-riché.* Chaym.: *guaritz.* Rouc. 1, 2: *alichimé.* Rouc. 2: *oualichiman.* Ap. 1: *alichimo.* Ap. 2: *marichiiman.* Carin.: *ouariri* = Fischotter. Tam.: *varacà.* (Lingoa geral [Tupi]: *uariri.*) — Großer Ameisenbär: Nah. 1: *ariri.* Api.: *parúa.*

Agutipurú [Echinomys spec.] *mẹ̈ti.*

kleines Agutipurú (agutipurú pequeño) [Echinomys spec.] *makatákata.*

kleines Gürteltier
(armadillo pequeño)
[Dasypus spec.]
ëtẹkë̇.

Api.: *otkoimŏ.*

größeres Gürteltier (armadillo mayor) [Dasypus spec.] *ëtẹkëïmẹ.*

Riesengürteltier
(armadillo gigante)
[Dasypus Gigas Cuv.]
kahájí.

Rouc. 2: *capaci, capachi.* Carin.: *cápachi.* Kal., Up.: *kapasi.* Par.: *kapassi.* Gal.: *capacou.* Ap. 2: *capou.* Bak.: *wáto, poáto.* Mak. (N.): *kaikān.*

Schild des Gürteltiers (concha del armadillo) *ëtẹ̈këhitẹ̈habẹ.*

kleine Maus
(ratón pequeño)
[Hesperomys spec.]
mŭngūhẹ.

Rouc. 2: *mounpeu.* Ap. 3: *monpeu.* Trio 2: *munupö* = Ratte. Gal.: *mombo.*

große Maus (ratón grande) *dúmū.*

Pferd
(caballo)
kaụá(d)yu[1]
   (= Spanisch).

Rouc. 2: *caouayau.* Mak., Arek., Ak., Car. (Sch.): *cavari.* Gal.: *cabaio.* Kal.: *kawale.*

Hund
(perro)
[cf. Jaguar]
kaikúji.

Carij.: *caïcouchi.* Gal.: *caïcouci.* Pian. 2, Ap. 3: *caïcouchi.* Rouc. 2: *caïcouchy, caicoui.* Trio 1: *caïcoui.* Trio 2, Up.: *kaikui.* Car.: *keikutshi.* Pian. 1: *keikue,* (Yuri: *gaihguschy* = Canis Azarae).

Katze
(gato)
míji.

Maqu.: *miche.* Gal.: *mecho.* Inselkar.: *mechou.* Rouc. 2: *pouchi.* Ap. 3: *picha.* Bak.: *tšïwi* (onomatopoët. Wort).

Pferdehuf[1] (casco de caballo) *kaụá(d)yu amosáiti* (= Pferdenagel).

Pferdeschweif[1] *kaụá(d)yu atókẹtẹ.*

Horn [der Kuh[1]] (cuerno) *ihánātẹ, i(x)ánātẹ.*

Boto (delfin) [Delphinus spec.] *isóimẹ.*

---

[1] Nach einem Bilderbuch abgefragt.

G. Vögel — Aves.

kleiner Vogel (pájaro pequeño) *tołóno.*	Chaym., Tam., Ip.: *torono, tonoro.* Kal.: *tonolą.* Mak.: *to-ron.* Inselkar.: *tónnoulou, tónoulou.* Gal.: *tounourou, to-noro.* Bak.: *tóno* = Makuku = Waldhuhn (Tinamus brasilien-sis); *tôro* = Papagei.
Ei (huevo) *í(x)mu, í(h)mu.*	Carij.: *imo.* Kal., Trio 2: *imą.* Ip.: *imu.* Api.: *imŭ.* Ar.: *i-mou.* Ap. 3: *imou.* Gal. (S.): *himo, imon.* Gal., Rouc. 1, 2, Ap. 2: *imon.* Krisch.: *imuin.* Gal.: *imombo.* Bak.: *imŏru.* Inselkar.: *heem.* Rouc. 2: *ihmon, poumo.* Pian. 2: *poumo.* Pauxi: *pomo.* Cum.: *emboy.* Chaym.: *chomur.*
Arara [Macrocercus Macao] *kęnóło.*	Rouc. 1, Ap. 2: *kinoro.* Rouc. 2: *conoro.* Kal.: *kęnąlą.* Trio 2: *kanąlą.* Up.: *konolo.* Par.: *konorú.* Inselkar.: *kimoulou.* Carij.: *ilinoro* = perroquet. Gal. (S.): *mokinoro* = Vogel.
Perikito (Psittacula) [Conurus spec.] *kiłíkiłi.*	Kal.: *kęli-kęli.* Mac.: *kehrih-kehrih.* Chaym.: *quiriquiri.* Rouc. 2: *coulécoulé.* Up.: *kulai-kulai.* Ap. 2, 3: *couricoura.* Inselkar.: *couléhuec.* Carin.: *courari.* Gal.: *crik.*
Papagei (papagayo, loro) [Psittacus spec.] *łōłó.*	Chaym.: *roro.* Rouc. 2: *horhore.* Mak. (N.): *oroké.* Par.: *orù hué.*
Maracaná [Psittacus Illigeri, Psit-tacus Conurus] *małákana.*	Rouc. 2: *maracana.* Up.: *marakana.* Bak.: *makáni.* (Lingoa geral [Tupi]: *marakaná.*)

Anacá [Psittacus anacan Lath.; Ps. versicolor Lath.] *ginágina.*

Mariána *kidyękidyé.*	Rouc. 2: *quioquio* = perroquet.
andere Papageienarten (otras especies de loros) 1. *kŭđái.* 2. *łołóimę.*	Ar.: *koui* = perroquet. Nah. 1: *kuritsata.* Bak.: *žŭyúri.* (Ca-riay [Aruak]: *tschukuy.*)
Ararúna [Macrocercus hyacin-thinus] *kahęta.*	Carij.: *cahéta* = Ara. Bak.: *kxawíta.* (Barć [Aruak]: *ghauy* = roter Arara.)
Mutum, da serra (mutum de la sierra) [Crax globulosa Spix.] *kŭjí.*	Nah. 1: *kurzu.* (Aruak: Cauixana: *ghozy.* Passé: *ghotsűe.* Jumana: *koezy.* Uainumá: *ghuikzy.*)

Mutum, da vargem
[Crax tuberosa Spix.]
matasásābę,
  mata(d)zá(d)zābę.

Gal.: *malassi* = faisan.

anderer Mutum
(otro mutum)
[Crax spec.]
okóimę.

Gal.: *hooco, oco, occo.* Ap. 1: *ooco.* Kal.: *uokạ.* Trio 2:
uạko. Up.: *uok.* Ap. 2: *aouoco.* Ap. 3: *houco.* Rouc. 1:
oouoc. Rouc. 2: *oouoc, ouoc.* Pian. 2: *ouac.*

Yacú
[Penelope Marail]
matáti.

Gal.: *malassi* = faisan. Mak. (N.): *malá mangà* = penelope.
Trio 2: *malaši.* Mac.: *marasih.* Kal.: *marai.* Ouayeouè:
maraté. (Ouapichane [Aruak]: *maraté.* Oyampi, Em-
merillon [Tupi]: *maraye.*)

Cujubim
[Penelope cumanensis
  Jacq.]
kudyui.

Kal., Trio 2, Up.: *kuyui.* Mac.: *cuyu.* Rouc. 2: *couyououi.*
(Aruak: Uainumá: *kutschúy.* Cauixana: *ghothyuy.* Ma-
riaté: *kutschúy.*) (Tupi: *kuyubi*[1].)

Zunge des Cujubim *kudyui inytko.*

Hautlappen am Hals
  des Cujubim, ähnlich
  wie beim Haushahn
edenaxtohéteti.

Kal.: *enasase pereri* = Kehllappen (Vogel).

Schädel des Cujubim *kudyui hutuéhę.*

Kamm des Cujubim aus weißen Federchen *kudyui ęhëtę.*

Urubú
[Cathartes foetens Ill.]
kutûgo.

Rouc. 2: *coulou, couroume.* Kal.: *kęlumu.* Ap. 3: *couroumou.*
Par.: *kolomun.* Mak. (N.): *kolum-eré.* Pim.: *glumú.*

Urubutinga [Cathartes spec.] *sakányi.*

Urumutum [Crax Urumutum Spix.] *itętę.*

großer Geier
(buitre mayor)
[Falco spec.; vielleicht:
  Polyborus vulgaris
  Vieill.]
uákata.

Cum.: *caracare* = Rabe. Par.: *cara-carari.* Mak.: *caracca.*
Bak.: *karakára* = Geierfalk (Polyborus vulgaris). (Lingoa
geral [Tupi]: *karakará.*)

kleiner Geier (buitre pequeño) [Falco spec.; vielleicht: Milvago ochrocephalus
  Spix.] *totóno uakátāti.*

sehr großer Geier
(buitre muy grande)
[Harpya ferox?]
hiana.

Chaym.: *piana* = Falke. Ap. 2: *piano* = Adler. Rouc. 1: *pia*
= Harpia ferox. Rouc. 2: *pia, pian* = Adler. Trio 2, Up.:
pia = großer Adler. Bak.: *piări, piát* = gelber Sperber.

---

[1] Onomatopoetische Wörter.

Fischfalke [l. g. caripíra] (halcón) [Falco spec.] *hianaímẹ*.

| kleiner Geier[1] (buitre menor) [Falco spec.] *kudyúkudyu*. | Ar.: *coutcououi*. Bak.: *kuyakuári* = Habichtsadler (Harpia destructor). |

große Eule (buho grande) [Strix spec.] *ɗaúɗau*.

| kleine Eule, Kauz (autillo) [Strix spec.] *muɫukutútu*. | Bak.: *muruɣútu* = Eule. |

| Yacamí [Psophia crepitans L.] *māmí*. | Carij., Trio 2: *mamí*. Rouc. 1, 2, Up.: *mamhali*. Ap. 2: *mamsali*. Ap. 3: *mamisari*. Par.: *mamì* = Penelope, Inambú. (Aruak: Jucúna: *mame* = Penelope, Inambú.) |

| Tucano (tucano) [Rhamphastus spec.] *tχahóko, dχahóko*. | Maqu.: *tchaoco*. Araquajú: *yapoko*. Rouc. 1: *couyapok*. Rouc. 2, Trio 2, Up.: *kiapok*. |

Saracura [Gallinula plumbea Vieill.; G. Saracura Spix.] *kotχákanẹ, kodχákanẹ*.

| Corocoró [Ibis spec.] *koɫókoɫókané*. | Bak.: *kórokóro*. Mak.: *korro-korro*. Kal.: *kraukrau*. Ap. 2: *poroporo;* (Lingoa ger. [Tupi]: *korokoró*). (Onomatopoetisch.) |

Uirapayé *ɗiχkáɫẹ*.

| Yaburú [Ciconia Mycteria L.] *kuɫukẹ̆imẹ*. | Carij.: *kouloukeïma* = oie (grande espèce). |

Maguarý (Ardea Çocoi L. Ciconia Maguari Temm.) *tumaí*.

| weißer Reiher (garza blanca) [Ardea egretta] *uaɫá*. | Kal.: *uala* = Flamingo. Inselkar.: *ouacalla*. Gal.: *ouakaré*. Bak.: *makála* = Nimmersatt (Tantalus Loculator). |

Massauarý *majiuáuɫẹ*.

| Tuyuyú [Mycteria americana] *uaɫaíma*. | Bak.: *yuríwa*. |

Massarico [Calidris arenaria] *matẹ̆itẹi*.

Carará [Colymbus ludovicianus] *oatχakáka, oadχakáka*.

| Ente (pato) [Anas viduata] *tχōhó, dχōhó*. | Carij.: *tchohó*. Bak.: *tšúpi, χúpi*. Rouc. 1: *sapono, chapono*. Gal. (S.): *apoono*. Gal.: *opano*. Kal.: *apạno*. Par.: *lópónó*. Gal.: *rapone, rapouné*. Ap. 2, 3: *oropono*. Inselkar.: *loúboũe*. |

---

[1] Fliegt sehr hoch und schreit gellend.

Yapú
[Cassicus cristatus
  Daud.]   Api.: *koƫ koƫ.*
kẹnóto.

Japeim, Webervogel
[Oriolus spec.]
tҳaxkáƫaua,   Rouc. 2: *payagoua.* Ap. 3: *yacacoua.* Kal.: *pšakawakoi.*
  dҳaxkáƫaua.

anderes Japeim (otro japeim) *há(d)yaxkoa.*

Nest des Japeim [Webervogels] *tҳaxkáƫaua mĕnẹ̆.*

Inambú, groß
(Inambú, grande)
[Crypturus obsoletus Carij., Rouc. 2: *sororo.* Rouc. 1, 2: *sosorro.* Rouc. 2: *sorhote.*
  Temm.]   Maqu.: *corocorro.*
osóƫoƫo, uo(x)sóƫoƫo.

mittelgroßes Inambú
(inambú medio)
[Crypturus Tataupa   Trio 2: *pötunö.* Bak.: *seitúne* = Yakú.
  Temm.]
hẹtúnẹ.

kleines Inambú (inambú pequeño) [Crypturus spec.; vielleicht: Cr. maculosus
    Temm.] *ɗuí.*

Kolibri
(colibrí, picaflor)   Kal.: *tukusi.* Up., Arek.: *tukui.* Chaym.: *tucuz.* Rouc. 2:
[Trochilus spec.]   *toucouy* = oiseau qui entre dans les cases.
tukûji.

Taube (paloma) [Columba spec.] *ẹƫúẹ.*

Hahn, Huhn
(gallo, gallina)   Carij.: *caheri.* Par.: *uclé.*
kahẹ̆ƫi.

Henne (gallina) *kahẹ̆ƫi uẹƫíji.*

Küchlein (pollo) *kahẹ̆ƫi múguƫu.*

kleiner Habicht[1]
(azor pequeño)
[Falco spec.]   Bak.: *iƴu* = Sperber; *iƴuetitáni* = kleiner Sperber.
jihíkanẹ.

---

  [1] Schreit: „*iƴă-iƴă*".

Cacão
[Ibycter aquilinus G. R. Gray]
kayakayaṵ[1].

Mak. (Sch.): *callau-callau*. Ap. 2: *caraou*. Rouc. 2: *carawe*. Up.. *kalau*. Trio 2: *kakau*.

Schwälbchen
(golondrina pequeña)
[Hirundo spec.]
txoṭike̜, dxoṭike̜.

Bak.: *tarṭya*. Kal.: *sololiya*.

Urutauí [Nyctibius grandis Vieill.] *me̜tókoko*.

Mergulhão [Sula brasiliensis, oder: Colymbus spec.] *dahádaha*.

Möwe (gaviota) [l. g. Kaurá; Larus spec.] *ṭe̜ṭe̜ike̜*.

große Möwe
kūṭaháka.
kleine, weiße Möwe
te̜hé̜kane̜.

Bak.: *kakáya*.

große dunkle Nachtschwalbe[2] (golondrina nocturna grande y negra) *é̜kaṵ*.

sehr kleine weiße Nachtschwalbe[3] (golondrina nocturna muy pequeña) *kuhé̜he̜*.

Anú [Crotophaga Ani] *winé̜*.

Uiraúna[4] 1. *hi(d)yahí(d)yaṭi*. 2. *hi(d)yahí(d)yaṭíme̜*.

Arassarý
[Pteroglossus erythror-
hynchus Gmel.]
hijíhijí.

Rouc. 2: *kechi* == Tucano-Art.

Specht
(picamadero)
[Picus spec.]
kue̜tú.

Rouc. 2: *ouétou*. Kal.: *uitu*. Ap. 2, 3: *étou*. Gal.: *ventou*.

Aracuã
[Penelope Aracuan Spix., Ortalida Mot-
mot Wagl.]
uatáṭa(x)kua.

Bak.: *watágo*. Kal.: *palaka*. Up.: *aragua, alagua*. (Tupi: *árakuan*.)

Sorocoã, Surucuá [Trogon spec.; wahrscheinlich: Tr. viridis L.] *óuōṭi*.

Taiasuirá [Cozzygus spec.] *hákaṵa*.

Urú
[Odontophorus guya-
nensis Gray.]
tokóṭo.

Kal., Trio 2: *ṭakro*. Mak.: *dokorra*.

---

[1] Gutes onomatopoetisches Wort.
[2] Fliegt besonders in der Abend- und Morgendämmerung.
[3] Fliegt auch am Tage; man sieht stets viele beisammen.
[4] Ein schwarzer Waldvogel.

Martim pescador, Eis-
vogel
[Alcedo spec.]
uatúta.

> Carij., Rouc. 1, 2, Ap. 1, 2: *atoura.* Up.: *atula.* Rouc. 2:
> *atoula.* (Oyampi [Tupi]: *atoura.*) Bak.: *erá.*

Socó
[Ardea brasiliensis]
õnõt̨ę.

> Rouc. 2, Ap. 2, 3, Bak.: *onoré.* Rouc. 2: *onole.* Cum.: *onore*
> = Reiher, Königsreiher. Kal.: *ongle.* Trio 2: *ongle.* Up.:
> *onolé.* Gal.: *onouré.* Gal.: *onurá = ardea.* Arek.: *onareh.*
> Mak.: *unoru-ima.* Inselkar.: *oman-omali.* (Aruakstämme
> des Içána-Aiarý: *únuti.*)

Mareca [Anas brasiliensis] *txohóim̨ę, dxohóim̨ę.*

Trovão-uirá (Donnervogel) *kuaįkuaį yo*[1].

schnepfenartiger Vogel (pájaro parecido á la becaza) [l. g. papão] *yatáti.*

Felsenhahn
(Gallo da serra)
[Pipra rupicola]
m̨ę́u.

> Rouc. 1, 2: *méou.* Up.: *m̨ę́u.* Ap. 2: *péou.*

Uainambé *ų̛ętúim̨ę*[2].

Vogel [schreit ähnlich wie eine Saracúra] *huayátiko.*

Massauaranyá [mit grellem Pfiff in drei Tönen] *uakátasa.*

kleiner Vogel mit flötenden Lauten [wie wenn einer etwas ungeschickt auf
der Flöte bläst] *tamáhĩhõ.*

H. Fische, Reptilien etc. — Peces, Reptiles etc.

Fisch (pez) *ikútxa, ikúdxa, ikúja.*

Kiemenklappen (músculos de las agallas) *ihohę́tāti.*

Kiemen (agallas) *auodęnámutu.*

Blase (vejiga) *ikújaưatakáhit̨ę.*

Schuppen, Haut
(escamas)
ihitihę.

> Krisch.: *ıpipi.* Ip.: *pipe.* Cum.: *huoto-putpue (huoto —*
> Fisch). Chaym.: *pitpo. iptupur.* Mak.: *moro-pitu.* Kal.:
> *wata i-pipo (wata — Fisch).*

Gräte (espina) *ikújaưákuhę.*

lange Rückenflosse (aleta larga de la espalda) *ędyákęt̨ę*

Flosse am After (aleta en el ano) *ímõt̨ę.*

Rochen
(Raya)
díhāti.

> Rouc. 1, 2, Ap. 1, 2, Kal., Trio 2, Up., Carin.: *sipari.* Rouc. 2:
> *chipali.* Gal., Ap. 3: *chipari.* Inselkar.: *chibáli.* Gal:
> *sibari.* Bak.: *šiwári.* Avaricòto (Gilij): *cipàri.* Mak.:
> *chiparé.* Chaym.: *chupari.* Cum.: *chupare.* Tam.: *pari.*
> Nah. 1: *tivali.*

---

[1] Sehr gutes onomatopoetisches Wort.

[2] Schwarzer Waldvogel, so groß wie ein Huhn, mit starkem, geradem Schnabel und
schwarzem Federkamm. Sein Ruf klingt wie das ferne Tuten eines Dampfers.

Surubim [Platystoma spec.] * k̇eṫéhihę*.

Yauareté-Surubim [Platystoma spec.] *ęṫétukę*.

Piranha
[Serrasalmo, Myletes spec.]
hёnę.

Ap. 3: *ponė*. Ar.: *poné*. Api.: *ponä*. Pauxi.: *poune*. Bak.: *pạne. pạni, pạle* = schwarze Piranha. Rouc. 2: *pégné*. Up.: *pеñe*.

Piranha-Fett (grasa de piranha) *hёnęikátę, hёnękátę*.

Pirandíra *ṫéi*.

Arari-pira
kúṫuhi.

Gal.: *croupy* = Fischart.

Yutaiuarána
[Matrincham]
kāná.

Fisch: Ap. 2, 3: *cana*. Trio 2: *kana*. Par.: *kanà*. Ip.: *caná.* Nah. 1: *kara, kana*. Bak.: *kxána. kxaná, kará*. Rouc. 2: *caa*. Up.: *ka*. Pim.: *ganga, ganang*.

Yacuruarú *ṫuhē̄jí, ṫuhē̄dí*.

Tirahiba [Bagrus reticulátus Kner.] *máimę*.

Tucunaré
[Erythrinus spec.]
kunǎni.

Pian. 2: *counani*.

schwarze Seitentupfen am Tucunaré (manchas negras en ambos lados del tucunaré) *aṵoyétoxkahę*.

Tupfen vor der Schwanzflosse des Tucunaré (manchas delante de la aleta en la cola del tucunaré) *aṫótoxkahę*.

fleischiger Höcker auf dem Kopfansatz des großen Tucunaré (corcoba carnosa en el principio de la cabeza del tucunaré) *iuёdē̄tę*.

Aracú
[Corimbata spec.]
kátiḋi, katī̇ji.

Rouc. 2: *caa-thire* = kleiner Fisch.

Mandí [Pimelodus spec.] *ṫikuṫikú*.

Trahíra
[Erythrinus Tareira Cuv.]
hatákaḋi, hatakǎjí.

Rouc. 2, Ap. 3: *patacachi* = kleiner Fisch.

Pacú
[Prochilodus, Myletes spec.]
hǎku.

Rouc. 2, Ap. 3, Pian. 2, Ouayeouè 2: *pacou*. Kal.: *paku*. Rouc. 1, Ap. 2: *pacou* = Coumarou. (Lingoa geral [Tupi]: *pakú*.)

Acará [Sciaena squamosissima Heckel] *yaṵṫa*.

Puraqué, Zitteraal
(anguila trémula)
[Gymnotus electricus]
měṫokó.

Rouc. 2: *moroc* = Fischart.

Yeyú
uátaha.

Rouc. 2: *ouarapa* = Fischart. Kal.: *warapa* = Erithrinus spec.

Patauaránya *uę́sę̨dyumu*.

Pirarára
[Silurus Pirarara Natt.]
kęnoŧoímę, kinoŧoímę.

Rouc. 2: *counoroimé* = gros souroubi rougeâtre.

Yacundá
[Crenicichla spec.]
uakúna.

(Lingoa geral [Tupi]: *yakundá*.)

Mandubé [Pimelodus spec.]? *húŧahúŧāŧi.*

Ituí *máŧuhi.*

Yandiá [Platystoma spatula Agass.] 1. *ka(d)žíuę.* 2. *saŧánahaíno.*

Hanuyá *akúŧuę.*

Piraputã *ka(d)žiuę́imę.*

Pirapucú
[Salmo spec.]
ęŧéjimę.

Rouc. 2: *érécteu, érécteuimé* = gros poisson qui a peu d'arêtes.

Pira mirí [kleine Fische] 1. *jíŧikę*[1]. 2. *kútumę.* 3. *kuŧúŧu.*

Uiuarána *kumáŧakę.*

Uaracú yurupiránga, rotmäuliger Aracú [Corimbata spec.] *uaŧáku.*

Uaracú piníma, bunter Aracú [Corimbata spec.] *tx̨ę́hu, dx̨ę́hu.*

Sarapú asú *kaŧóji.*

Saráto *dāŧęhúmamę.*

Matupirí
[Chalcei spec.]?
mę́ŧoko.

Rouc. 2: *moroc* = Fischart.

Uatucupá [Sciaena squamosissima Heckel?] *kogánę.*

Alligator
(aligador)
[Crocodilus spec.]
aŧiuę́.

Trio 2: *aliwe.* Up.: *alie.* Rouc. 2: *ariué, aloué.* Rouc. 1: *aroue.* Maqu.: *yariwe.* Chaym.: *yarbe.* Carare: *fali.*

großer Alligator
(aligador grande)
[Crocodilus spec.]
aŧiuéimę.

Rouc. 2: *ariué-imeu.*

Alligatorschwanz *aŧíuę aŧókęŧę.*

---

[1] l. g.: Uaracapurí.

Eidechse
(lagarto)
yōtx̱í, yōdx̱í, yōjí.

Rouc. 2: *yoye.* Up.: *yoi* = grüne Eidechse. Bak.: *pō.*

Tamacuarí, große Ufer- und Wassereidechse (lagarto grande terrestre y acuático) *hitíkunyi.*

Leguan [l. g.: Yaka-
reránа]
(Iguana)
iuána.

Trio 2: *yiwana.* Ap. 1: *ouana.* Ap. 3: *zouana.* Rouc. 2: *caouana* = Eidechse, *ouanouaye* = Eidechse. Bak.: *izaná* = Alligator.

Tartaruga
[Emys amazonica]
kutidá.

Trio 2: *kulia* = Schildkröte. Rouc. 1, Carij.: *couroutpé.* Landschildkröte: Rouc. 2: *acouti-poutpeu, courou-pout- peu.* Ap. 3: *couripoupeu.*

Ei der Tartaruga (huevo de la tortuga) *kūtidá(x)mu, kūti(d)zá(x)mu.*

Schild der Tartaruga (concha de la tortuga) *kutída hítihę* (= Tartarugahaut).

andere große Schild-,
kröte
(Otra tortuga grande)
dáuatu.

Trio 2: *sawalu* = Schildkrötenschild.

Yabutí [Testudo tabulata Schöpf] *uoto káutatę.*

Matamatá [Chelys fimbriata Spix.] *kŭku.*

Tracajá
[Emys Dumeriliana
Schweig.]
atáta.

Yauap.: *ualalá.* Krisch., Ip., Mak.: *uarará.* Nah. 1: *ale -- Flußschildkröte. (Lingoa geral [Tupi]: *yurará*).

Yararáca
[Cophias atrox]
ĕkëï, ękę́i.

Schlange: Up.: *ŏkŏï.* Trio 2: *okoi.* Ar.: *ocoï.* Api.: *ogoï.* Ap. 3: *ocoye.* Carare.: *ocoy.* Rouc. 2: *ocoye, eukeuye.* Chaym.: *equey, agui.* Nah. 1: *ekä.* Cum.: *ocoyu.* Gal.: *acoiou, occoïou.* Kal.: *okoyo.* Bak.: *ayáu.* Palm.: *ocon.* Maqu.: *ekedo.* Pim.: *inggaú, inkau.* Gal.: *arauai.* Inselkar.: *aahoüa.* Klapperschlange: Rouc. 1: *acoï.* Bak.: *ayúxu.* Bak.: *ayúto* = Sucuriú. Pim.: *angutú, ankutu* = lararaca.

Sucuryú
[Boa Scytale]
ękę́imę.

Chaym.: *equeyma.* Rouc. 2: *eukeyeue-imeu, ocoyoumeu.* Ap. 3: *ocoyouneu.*

Yiboya
[Boa Cenchria]
utúkūti.

Ar.: *moutou.* Bak.: *tutunéŋ.*

Uaracuboya *ihûsęmutu.*

Surucucú [Lachesis mutus Daud] *męnúimę.*

Frosch
(rana)
1. *mõhákẹ*.
2. *mĭtu*.

> 1. Carij.: *mohaké*. Maqu.: *conhoufakè*. 2. Rouc. 2: *oumoure*.

Kröte
(sapo)
[Bufo Agua Daud]
mãuá.

> Rouc. 2: *maoua*. Rouc. 1: *maoua* = Frosch.

I. Niedere Tiere — Animales inferiores.

Ameise [port.: formiga de fogo] (hormiga de fuego) *jĭtu*.

Termite
(Termes)
nŭkẹ.

> Up.: *nukö.* Ap. 3: *nouco*.

Tocandira
[Cryptocerus atratus]
itákẹ.

> Parèca (Gilij.): *iràke*. Kal.: *irako*. Tam.: *rake*. Rouc. 2:
> *ilac. irac*. Bak.: *iréγa*.

Maniuára
kokódyo.

> Ap. 3: *caoïo*. Rouc. 2: *kiaouae, kiaoc*.

Saúba [port.: carrega-
dor], Blattschneide-
ameise
[Atta cephalotes]
mukásakẹ.

> Kal.. *kumakạ*. Up.: *kumạp*.

Taracuá-Ameise *mãdu*.

Mosquito
[Culex]
(mosquito)
masákẹ.

> Chaym.: *mazaque, zarque*. Cum.: *mazaca, machaca*. Tam.:
> *macciache*. Bak.: *mozáγe, maháγe, móka*. Maqu.: *make*.
> Kal.: *makạ*. Up.: *maku*. Nah. 1: *atake*. Maruim: Ap. 2, 3:
> *massaco*. Rouc. 2: *mohac, macou*. Gal.: *maco* = insecte.

Fliege (mosca) *kujĭhẹ*.

kleiner Mosquito (mosquitillo) *ẹtikẹma(d)zákati*.

Màruim, kleine Stech-
mücke
uëtẹnẹ.

> Rouc. 2: *oléolé* = mouche. Ap. 3: *ouéoué*. Inselkar. (R.):
> *huerè-hueré* = mouche.

Pium
[Simulium]
mahẹti, máhiti.

> Carij.: *mahiri*. Maqu.: *mahirri*. Gal.: *mapiri*. Kal.: *mapili*.
> Carin.: *mapiré*. Rouc. 2: *mopi-ri*. Rouc. 1: *mopi*. Ap. 2:
> *mopeu*.

Mutuca
[Tabanus]
tútẹkẹ.

> Chaym.: *turec*. Cum.: *turoco*. Bak.: *turôγa*. Inselkar.: *toul-
> làcáe*. Up.: *turö*. Kal.: *telụkạ*.

Micuim (Mucuim) winzige rote Milbe [Trombidium] *hanámike̜*.

Biene
(abeja)
at̆áma.

Rouc. 1: *alama* = mouche à miel. Rouc. 2: *alama* = mouche à dague. Ap. 2: *alama* = Wespe. Ap. 3: *sidiė-arama*. Rouc. 1, Carij.: *alaman* = Wespe.

Honig (miel) *tihókamu, ti(x)ókamu*.

Wespe
(avispa)
okómu̜, okómũ.

Rouc. 1, 2, Ap. 2, 3: *ocomo*. Chaym.: *ocoma*.

Wespennest, am Baum
hängend
(nido de avispas col-
gado en un árbol)
hotáuai.

Rouc. 2: *étawe*.

Heuschrecke (langosta) *d̆unát̆i*.

Gottesanbeterin *itútāt̆i*.

Grille, Heimchen
(grillo)
t̆é̜t̆eje̜.

Ga̜l.: *liou-liou*.

Wasserjungfer (libélula) *sat̆ímoko*.

Schmetterling (mariposa) *uakátaha*.

Morpho-Schmetterling (mariposa del género „morpho") *nōt̆íhe̜*.

großer graublauer Schmetterling (Morpho), der nur in der Morgen- und Abenddämmerung fliegt *te̜mé̜ke̜me̜*.

Raupe (oruga) *uóne̜*.

Mistkäfer (escarabajo pelotero) *hé̜mu*.

Leuchtkäfer
(luciérnaga)
kukúi.

Up.: *kukui*. Inselkar. (R.): *cogouyou*.

Barata
(Blatta orientalis)
kuhāhí.

Rouc. 2: *coupapé, coupali*. Kal.: *kupali* = Ixodes.

Carapato
(Ixodes)
mut̆ujíhāke̜.

Chaym.: *cuchibacoa*.

Sandfloh
(pulga de arena)
[Pulex penetrans]
j̆t̆ke̜.

Rouc. 1: *chiqué*. Rouc. 2: *chiqueu*. Ap. 3: *chikeu*. Chaym. *chica, chique*. Gal.: *chico, xique, tique*. Carin.: *tchikio*. Ar.: *tikeu*. Up.: *šika*. Trio 2: *sika*. Kal.: *sitya*.

Skorpion (escorpión) *mé̜nāte̜*.

Krebs (cangrejo) [Cancer Uça L.] *hit̆é̜ne̜*.

Camarão, Krabbe
isȧȼu.

Rouc. 2: *ichourou.* Kal.: *šulu* = Krebs.

Laus
(piojo)
[Pediculus capitis]
yắmȩ.

Chaym.: *yamue.* Trio 2: *yamui.* Rouc. 2: *éyamé.* Bak.: *yemuí.* Gal.: *omoüi.* Inselkar.: *eignem, iem.* Rouc. 1, 2: *iyan,* Ap. 2: *alamo.* Ap. 3: *azama.*

Floh (pulga). [Pulex] *kujikȩ́hȩmȩ.*

Spinne
(araña)
moyȯ́ji, mo(d)yȯ́ji,

Chaym.: *moyoz* = Vogelspinne. Cum.: *mochu.* Bak.: *može, móhe.* Trio 2: *moi, anemoi.* Kal.: *mȧyowai.*

Vogelspinne (araña grande) [Mygale] *jiuaȼákaȼu.*

Netz der großen Vogelspinne (telaraña de la araña grande) *jiuaȼákaȼu mȇnȩ.*

Tausendfuß
(Scolopender)
kunȩ́hȩhȩ (= Kamm).

Ap. 3: *counepépė* = Skorpion.

großer Tausendfuß *kunȩhȩhȩ́imȩ.*

Regenwurm
(lombriz)
1. *mȯto.*
2. *(d)zamȧ́tuxtaȧótoko ([d]zamútu* = Sand, Sandbank).

1. Rouc. 2: *motolosi, motoroye.* Fleischmade = *motopi.*

Schnecke
(caracol)
aȼúua.

(Lingoa geral [Tupi]: *uruá).*

K. Pflanzen — Plantas.

Baum
(árbol)
uȩ́uȩ, wȩ́wȩ.

Inselkar.: *huéhué.* Gal.: *huéhué, vuévué.* Gal. (S.): *véué.* Rouc. 1, 2, Ap. 2: *ouéoué.* Rouc. 2: *uéué.* Kal.: *uewe.* Trio 2, Up.: *wewe.* Car. (Th.): *wey-weh.* Ak. (Th.): *ye-hi.* Mak. (Th.): *yė.* Zentral-Am.-Kar.: *güegüe.* Ap. 3: *ipoui.* Tam.: *jeje.* Pim.: *jéjé* = Holz. Mak., Arek.: *yeh.* Holz = *jéi.* Maqu.: *drhè.* Bak.: *se.* Nah. 1: *i.*

Blatt
(hoja)
uȩ́uaȼȩ, uȩ́uaȼi.

Ap. 2: *ouéoué-ari, itou-ari.* Rouc. 2: *aré, ari.* Kal.: *ali, ari.* Bak.: *se-ári, sári, saȼ.* Ap. 3: *zarou.* Maqu.: *chohowari.*

Ast
(ramo)
uȩuȩhȩ́ȼiȩȼi.

Ap. 2: *ouéoué-poliri.* Kal.: *uewe ipolirli.* Ap. 3: *you-poulė.*

Rinde
(corteza, cáscara)
uȩuȩhítihȩ (Baum-haut).

Maqu.: *drhé-hiihe.* Rouc. 2: *uéué-pitpe.* Mak.: *ipipé.* Rouc. 1: *ouéoué-pipot.* Ar.: *yéé-ipitpoun.* Chaym.: *ytub* = Laub. Bak.: *satúbi (= se-itúbi* = Baumhaut). Kal.: *uewe bipia.*

Wurzel
(raíz)
ueuémītę (= Baumader, Baumsehne).

Ap. 2: *ouéoué-miti.* Ap. 3, Kal.: *imiti.* Rouc. 2: *uéué i-mit, amid.* Tam.: *imitti.* Trio 2: *we-miti.* Cum.: *ymiz, ymity.* Chaym.: *yequiz-mit.* Inselkar.: *mabi-miti* = Batatenwurzel. Bak.: *se-mite, se-iwite, iwite.* Up.: *wewe-mi.* Ar.: *aoumté.*

Dorn
(espina)
amĕjīna.

Trio 2: *emainö.* Up.: *omahi.*

Frucht, Samen (fruto, siembra) *ueuehĕgahę.*

Baumsaft, Harz
(sávia de árbol, resina)
ueuehúkuɫu.

Kal.: *uewe epukulu.* Bak.: *ekúro.* Cum.: *ecur.* Tam.: *it-ecuru.* Rouc. 2: *épcouré.*

Schale, Hülse der Frucht (cáscara del fruto) *aɫiuęɫāɫi.*

Blüte
(flor)
ueue(e)hĕɫę.

Trio 2: *wewe poliri.* Kal.: *ipuilili.* Inselkar. (R.): *illehuĕ.*

Strauch (arbusto) *ueuęmúguɫu* (= kleiner Baum).

Baummoos, Flechte (musgo, líquen) *ueuę́diko.*

Gras (yerba) *hĕmĕtękę.*

Mais
(maíz)
[Zea Mays]
andji.

Bak.: *anáži, anáhi, ardhi.* Chaym., Cum.: *ayaze, añaze,* (Maïs ciriaco). Tam.: *ac-naccé.* Ap. 2: *ochinacé.* Ap. 3: *achinacé.* Pian. 2: *enăye.* Rouc. 2: *ehnaye, enai.* Rouc. 1: *enaï.* Mak. (N.): *anai, anain.* Trio 2: *anai.* Up.: *enai.* Par.: *aihniain.* Nah. 1: *aná.* Api.: *ąnat.* Ar.: *conat.* [Gal.: *aüoassy.* Gal. (S.): *aouassi.* Kal.: *awasi.* Inselkar.: *aoachy.* Ap. 1, Carin.: *aouachi.* (Lingoa geral [Tupi]: *auati, ąwati.*) Pim.: *thauatöh.]*

Maiskaschirí, gegorenes Getränk
(bebida fermentada)
andji uŏkę.

Tam.: *uoki.* Trio 2: *yąki* = Trank. Gal.: *ouocou, ouicou, vicou.* Kal.: *wąku.* Rouc. 2, Up.: *oki.* Cum.: *huocu-r.* Par.: *vocu-lu.* Opone: *i-ocu.* Bak.: *póyu.* Mak.: *uicó.* Krisch.: *uaicó.* Ip.: *ueicu-rú.* Chaym.: *guequi-r.*

Mandioka
(mandioca)
[Jatropha Manihot]
uĕimunu, wĕimunu.

Ap. 2: *ouei.* Trio 2: *wui, ui.* Ap. 3: *oué.* Nah. 1: *vätä.*

Mandiokamehl
(harina de mandioca)
āɫɫna.

Carij.: *tarouati.*

Mandiokafladen [Beijú]
(empanada de mandioca)
uĕi, wĕi, wĕęi.

Ap. 2: *ouei.* Ap. 3, Trio 1: *oui.* Trio 2: *wui.* Ap. 1: *ouéyou.* Mak. (N.): *bejù.* Mac. (C.): *quéi.* Par.: *kéi.*

Mandiokakaschiri, ge-
gorenes Getränk
(caschirí de mandioca,
bebida fermentada)
1. *kádiƚi, kádiƚi uók̠e*.
2. *ɗohat̠ékuƚu*.

> 1. Rouc. 1, 2: *cachirí*. Kal., Trio 2, Up.: *kaširi*. Pian. 2: *cachiri* = boisson. Gal.: *cachiri* = bouillie de manioc. (Oyampi [Tupi]: *cachiri*. Lingoa geral [Tupi]: *kaširí*).

Knollengewächs (planta bulbosa) [l. g.: maguarí] *ɗohát̠e*[1].

anderes Knollengewächs (otra planta bulbosa) *háka*[1].

anderes Knollengewächs mit riesigen, bis mannshohen Knollen[2] (otra planta con bulbos inmensos de la altura de un hombre) *aƚiu̠é(e)ɗe*.

Caripé, abgekühlte Stärkebrühe (brodo de almidón enfríado) 1. *uíkuhúnu*. 2. *wëihãh̠e*.

Mingau, heiße Stärke-
brühe
(brodo caliente de al-
midón)
1. *aƚína uók̠e*[3].
2. *aƚína uók̠e atúsa-
kana̠i* (= Mandioka-
mehl- Getränk- heiß).

> Gal. (Gilij): *uocu*. Tam.: *uoki*. Bak.: *póyu*. Mak.: *uicó*. Krisch.: *uaicó*. Ip.: *ueicurú*. Rouc. 2: *oki* = boisson. Opone: *iocú* = Chicha.

Schipé, Farinha mit
kaltem Wasser an-
gerührt[4]
(farinha mezclada con
agua fría)
aƚína ̠ekúhih̠e.

> Rouc. 2: *coutouli-écoure* = Cachiri de tapioca. *parourou-écoure* = cachiri de bananes. *napeuk-écoure* = cachiri d'ignames etc. Ap. 2: *parourauime-écourou* = cachiri de bananes. *achinacé-écourou* = cachiri de maïs etc.

Cachaça, Zuckerschnaps, Rum (alcohol de azúcar) *uaƚíyēde*.

Tapióca [Mandioka-
stärke]
imúƚu.

> Ap. 3: *imourou*. Ap. 2: *imaure*. Mak. (N.): *eimú*. Par.: *emé ramù*.

Curatá, Fladen aus gegorener Tapioca (tortilla de tapioca fermentada) *imúƚuk̠eíh̠e*.

Banane
(banana, plátano)
[Musa paradisiaca,
Musa sapientium.]
háƚu.

> Carij.: *parou*. Rouc. 2, Ap. 2, 3: *parou, parourou*. Kal.: *paruru*. Up.: *palulu*. Trio 2: *apalulu*. Rouc. 1, Pian. 2, Mac. (C.): *parourou*. Mak., Arek.: *paruru*. Mak. (N.): *balurú*. Par.: *palurú*. Gal. (S.): *palourou*. Inselkar.: *baloulou*. Gal.: *baloulaca* = petites bananes. Maqu.: *faroro*.

---

[1] Die Knollen werden gekocht und gekaut dem Mandiokakaschiri zugesetzt; vergleiche *ɗohat̠ek„uƚu"*.

[2] Ebenfalls zur Kaschiribereitung benutzt.

[3] oder „*wók̠e*".

[4] Beliebtes Erfrischungsgetränk, besonders auf Reisen.

Batate (batata) [Batatas edulis] *nahi.*	Carij.: *nahi.* Pian. 2, Rouc. 2, Ap. 2, 3: *napi.* Kal., Trio 2, Up.: *napi.* Gal. (S.): *nâpi.* Gal.: *napi, mabi.* Palm.: *napihe.* Api.: *nabiot.* Bak.: *nahóto.* Inselkar.: *mabi.* Chaym., Cum.: *mapuey.* Par.: *màporú.* Gal.: *amapa, mapa, mapas.* Nah. 1: *aniza.*
Cará [Dioscorea] *nahę̄kę.*	Igname: Carij.: *nahaké.* Pian. 2: *napeuque.* Trio 2: *napökö.* Up.: *napök.* Kal.: *napui, napoi.* Rouc. 2: *napi, napeuk.* Mac. (C.): *napoui* = Cará. Tam.: *mappòi.* Ap. 2: *naopo* = Igname. Ar.: *makouit* = Igname; *ipoui* = Cará. Par.: *mapòrù* = Cará. Bak.: *náwi, náwe* = Igname, Cará. Nah. 1: *navi* = Igname, Cará. Igname: Rouc. 1: *appi.* Tam.: *nati.* Paria: *inname, inhame.* Inselkar.: *namoüin.* Maqu.: *yame.* (Lingoa geral [Tupi]: *aïpí* = Igname).
Pimenta, Spanischer Pfeffer [Capsicum L.] *hëmę́i.*	Kal.: *pomui.* Trio 2: *pomöi, pömöi.* Tam.: *pomèi.* Gal., Cum.: *pomi.* Inselkar.: *pomi, pomouy.* Chaym.: *pomuey.* Rouc. 2: *pomè.* Nah. 1: *homi, vome.* Palm.: *apōmo.* Bak.: *pano.*

gekochte Pfefferbrühe [l. g.: Kinyambíra] (brodo cocido de pimienta) *hatętéhano.*

Umarí-Baum (árbol umarí) [Geoffroya spinosa L.] *uakûti.*

Cucúra-Baum (árbol cucúra) *hutûma.*

Mamão [Carica Papaya] *hahaįja.*	Trio 2: *mapaya.* Kal.: *kabaya.* Arek., Mak.: *mapaya.* (Ouapichane: *mapaye.* Arawak: *papáia*).
Acayú [Spondias] *otóji.*	Rouc. 2: *oroye, olochimen.* Pomme d'acajou: Ap. 2: *orochi.* Rouc. 2: *oroye.* Rouc. 1: *oroï.* Bak.: *orôme* = Cajú (Anacardium occidentale). Ar.: *orot.*

Abíu [Lucuma Caimito DC.] *uataįma.*

zahme Ingá (inga cultivada) [Inga dulcis. Leguminosa] *katáu.*	Inselkar. (R.): *kalao* = une herbe. Gal.: *carou* = Zucker.

wilde Ingá (inga silvestre) *ękę́imękataúutu* (= Riesenschlangen-Ingá).

Ananas [Bromelia Ananas L.] *notę́ima.*	Carij.: *bereiva.*

Cumá-Baum *dęhúku.*

Cumarú [Dipterix odorata W.] *axkáuatę.*

Uferbäume *męlę̄ji, wái.*

Abacate [Persea gratissima Gaertn.] *kahđi.*

Uacú *yę̄ja.*

Carurú [Podostemacea] 1. *hāmę́*[1]. 2. *halętę́hano*[2].

Cubíu 1. *hęmū́mę*. 2. *txahókęnúłu, dxahókęnułu (txahóko, dxahóko* = Tukano).

Cuyete-Baum (árbol cuyete) [Crescentia Cujete L.] *męnúłi*.	Trio 2: *mula*.
Genipapo [Genipa brasiliensis Mart.] *mę́nu* (= c. f. Bemalung, malen).	Bak.: *méno, méru*.
Carayurú [Bignonia Chica Humb.] *kałauitu*.	Gal.: *kariarou, kariouarou, karaerou*. (Lingoa geral [Tupi]: *karayurú*.)
Urucú [Bixa Orellana] *ihúsę*.	Trio 2: *use, uise*. Kal.: *kusuwe*. Carin.: *couseve*. Inselkar.: *couchéve*. Gal.: *coutsauwe*.

Yamarú[3] *kałiuá*.

Yurumú, Kürbis [Cucurbita maxima Duch.] *(d)zapá(d)yo* (= span.: zapallo).

Zuckerrohr (caña de azúcar) [Saccharum officinarum L.] *(d)zúsumę*.	Carij.: *sousouma*. Rouc. 1: *sousoume* = süß.
Bambus (bambú) [Bambusa] *kułękułę*.	Rouc. 2: *couléguéré* = bois canon; *couremouri, courimouri* = roseau. Ap. 2: *coulépié* = bois canon; *couremouri* = ein Strauch. Rouc. 1: *couroumouri*. Gal.: *kouroumari* = Pfeilrohr. (Oyampi [Tupi]: *couroumouri*.)
Pfeilrohr (caña para flechas) *hëłę́uałi*.	Gal.: *bouleoua*. Rouc. 1: *piréou* = Pfeilrohr, Pfeil. Kal.: *pliu*. Trio 2: *plöu*. Up.: *pliu, piléu*. Nah. 1: *väré*.

Salsaparilha (zarzaparrilla) [Smilax papyracea) *jihátai*.

Kautschuk (caucho) [Siphonia] *ę(d)yę́jięhúgułu*.	Bak.: *aíhi ekúru* = Milch des Gummibaumes (Siphonia elastica).

Erdnuß, Mandubí (chufa) [Arachis hypogaea L.] *kadyáhāłi*.

---

[1] Wächst in den Pflanzungen. So nennen sie auch das Salz.
[2] Wächst auf Cachocira-Felsen im Wasser.
[3] Aus den Früchten werden große Trinkschalen verfertigt.

Kakao (cacao) [Theobroma Cacao L.] *mẹtúƚuka.*

Copoaí[1] *mẹtóƚoƚi.*

Pinupinú [Urtica] *huƚútōno.*

Tacuarí *díkẹƚi.*

Uarumá-Rohr[2] (caña-uarumá) *uaƚúma.*	Rouc. 1: *ouarouma.* Rouc. 2: *óualouma, ouarouman.* Ap. 2: *arouman, ouaroumané.* (Lingoa geral [Tupi]: *uarumá.*)
Cipó[3] *ónāƚẹ.*	Tam.: *cinàte.* Maqu.: *sinate.* Up.: *sinat.* Inselkar.: *chinattê, chináttê.* Rouc. 2: *cihnat.* Bak.: *šinéta, zinéta.* Ap. 2: *cicinato.* Ap. 3: *achichinato.* Trio 2: *siminati.* Kal.: *simo.*

Cipó mit großen weißen glockenförmigen Blüten *hẹƚẹmu.*

Cipó, dessen Wurzel im Notfalle an Stelle der Mandioka benutzt wird *ďáuahu.*

Schneidegras[4] (hierba cortante) [Scleria] *ďaụí.*

Baum mit großen lanzettförmigen Blättern, die zum Polstern der Mehlkörbe benutzt werden (árbol de hojas grandes lanceadas que se emplean para forrar los canastos de harina) *txẹƚẹƚẹ́taịáƚi ("áƚi" = Blätter).*

| Timbó[5] [Paullinia pinnata L.] *inẹ́ku.* | Gal.: *inecou* = bois, espèce d'astragale. Kal., Trio 2: *neku.* |

gelber Baumbast, für Maskenbehang, Gürtel etc. (basto amarillo, para franjas de máscaras, cinturas etc.) *hǒno, hónụ* (= Bastgürtel).

„Wilde Banane"[6] *mẹƚokoáƚi ("áƚi" = Blätter).*

Caapí [Banisteria Caapi Spruce] 1. *yahẹ́.* 2. *hi(d)yati(d)yahẹ.*

Mirití-Palme [Mauritia flexuosa] *koái.*	Carij., Rouc. 1: *coaï.* Rouc. 2: *caouaye* = palmier.
Tucum-Palme [Astrocaryum] *amána.*	Trio 2: *amana.* Kal., Up.: *awara.*
Assaí-Palme [Euterpe oleracea Mart.] *uahú.*	Trio 2: *wapu.* Rouc. 2, Ap. 3: *ouapou* = pinot. Ap. 2: *apou.*

---

[1] Uferbaum mit Früchten ähnlich wie Kakao.
[2] Wächst im Wald und wird zu gewissen Flechtarbeiten benutzt.
[3] Schlingpflanze, zum Binden benutzt.
[4] Schilfartig, am Ufer wachsend.
[5] Der milchige Saft wird zum Vergiften der Fische benutzt.
[6] Das breite Blatt benutzt man als Deckblatt für die Zigarette.

Inajá-Palme
[Maximiliana regia
    Mart.] | Kal., Trio 2, Up.: *malipa*.
maⱦihá.

Pupunha-Palme
[Guilielma speciosa] | Gal.: *palipou*.
*haⱦ*e*hú.*

Patauá-Palme
[Oenocarpus Bataua
    Mart.] | Kal., Trio 2, Up.: *komú* = Oenocarpus Bacaba Mart.
kũmú, kủmũ.

Patauá mit großen Früchten (patauá con frutos grandes) *kumủimẹ.*

Bacába[1]-Palme
[Oenocarpus Bacaba
    Mart.] | Rouc. 2: *queuyi* =× palmier.
axⱨkëi.
Agutí-Patauá *ua(d)zẹ̃kũmũ.*

Caraná-Palme | Rouc. 2: *ouaraoré* = palmier.
uaⱦẹ̃koⱦẹ.

Carana-í-Palme [Copernicia cerifera Mart.] *kuaⱦaihẹ, koaⱦaihẹ.*

Yasitára-Palme
[Desmoncus] | Gal.: *conana* = palmier.
kanủnaⱥ.

Paxiúba-Palme [Iriartea exorhiza] *ⱦajáẹhẹ* (*ⱦádxⱨa* = Blasrohr, das bei vielen
    Stämmen aus Paxiúba verfertigt wird).

Paxiúba barrigudo *hẻⱦẽuaⱥmẹ.*

Tucumá-Palme [Astrocaryum Tucumá][2].

Piassába-Palme [Attalea funifera Mart][2].

L. Zahlen — Numeros.

1
(uno)
tẹ̃nyi.

Carij.: *téni*. Maiongk., Maqu.: *toni*. Woy.: *tioni*. Par.: *teuenjé (te uenén)*. Cum.: *tehui, tehuin*. Chaym.: *tibin*. Mak.: *tiwing, tiuim*. Mac. (Th.): *teween*. Ak. (Th.): *tewin*. Waiyam.: *tuwine*. Krisch.: *tuim*. Ak. (Br.): *tègina*. Ak.: *tigina, tegienah*. Trio 2: *tinki, tinkini*. Arek.: *tauking*. Cum.: *toquene, tocuene* = allein. Krisch., Ip.: *toquinjaron* = allein. Ip.: *tuquincaré*. Bak.: *tokále, tokalé-le, tokalŏ-le*. Ap. 3: *toϊré*. Ap. 2: *taϊro*. Rouc. 1, 2: *aouini*. Up.: *auini*. Gal.: *oouin, auniq*. Kal.: *awin*. Carin.: *ooui*. Gal. (S.): *oi*. Car.: *owe*. Car. (Th.): *ohwin*.

---

[1] Die Blätter werden zum Decken verwendet.
[2] Gibt es dort nicht.

2 (dos) . *şeķéneţe.*	Carij.: *sékénéré.* Rouc. 1, 2: *sakéné.* Rouc. 2: *hakéné.* Mak.: *sakene, sakené, sagané.* Up.: *sakéne, hakéne.* Arek.: *atsa-* *kane.* Ip.: *assaquene.* Krisch.: *saquené* = sieben. Ak.: *asakre, asagreh.* Ap. ,2: *assacoro.* Ap. 3: *assacaro.* Mak.: *asakrepanna* = vier. Ip.: *saquerebuné* = vier. Krisch.: *saquereba* = vier. Cum.: *azaque.* Tam.: *acciaché.* Chaym.: *achac.* Woy.: *asaki.* Bak.: *asáye, aháye, ahaké-le.* Yauap.: *assiki.* Waiyam.: *assare.* Ak. (Br.): *azara.* Nah. 1: *atake.* Maiongk.: *ake.* Maqu.: *hake.* Par.: *akoünien.* Trio 2: *ökönö.* Car.: *oco.* Gal. (S.): *oko.* Gal.: *occo, ocquo, ouecou.* Kal.: *akạ.*
3 (tres) *dẹt̲áuẹtẹ.*	Carij.: *seraouéré.* Ap. 2: *assérouao.* Chaym.: *achoroao.* Cum.: *azoroau, zoçoroar.* Mak.: *eserewa.* Arek.: *itseberauwani.* Par.: *olaulé.* Inselkar.: *éléoua.* Rouc. 1, 2: *héléouaou.* Rouc. 2: *éhérouae.* Up.: *eherue, heruaw.* Ak.: *osorwo,* *osorowa.* Woy.: *soroau.* Krisch.: *sarciuá.* Car.: *orwa.* Gal., Carin.: *oroua.* Gal. (S.): *oroua.* Gal.: *oroa.* Kal.: *ạrua.* Maqu.: *arowawa.* Waiyam.: *ware.* Trio 2: *woierau,* *werauw, eroitạtạ.*
4 (cuatro) *kẹnẹ(x)tẹķétẹnẹ.*	Nah. 1: *atakéreni, tatakéreni.* Carij: *ilénestékénéré.*
5 (cinco) *ẹniatoénẹtẹ.*	Carin.: *aniatoni.* Nah. 1: *anyátori.* Gal. (S.): *ainatone.* Gal.: *oïétonai, atonéigné.*
6 (seis) *ẹniátátoẹtẹ́nyi.*	Carij.: *eniera touhouna téni.*
7 (siete) *ẹnia(d)zẹkénẹtẹ.*	Carij.: *eniera touhouna sékénéré.* Krisch.: *saquené.*
8 (ocho) *ẹnia(d)zẹ̄t̲áuẹtẹ.*	Carij.: *eniera touhouna sekenere. [?] (= 7.)* Krisch.: *sereu-* *aréneabunan.* Ip.: *sareuáneabunan.* Mak.: *seuraoyrié.*

9 (nueve) *ẹniakẹnẹ(x)tẹķétẹnẹ.*

10 (diez) *ẹnianẹhẹtẹ́hẹtẹ.*	Carij.: *eniesetou.*

Teil (parte) *ẹtẹhátoho átẹhẹ.*

wenig (poco) *ht̲ja, ht̲janai, ht̲dx̧anai̲.*	Cum., Chaym.: *pichaca-ptic.* Rouc. 2: *pité.* Ap. 1: *petica.* Ap. 2: *pétikien.* Rouc. 1: *apsic.* Gal.: *enchiqué, ensico.*
viel (mucho) *úmẹ.*	Kal.: *puime.* Ap. 2: *imaïmé.* Gal.: *tapouimé.* Trio 2: *tapuime.* Gal. (S.): *apoiméné.* Up.: *hapoi.* Carin.: *montoromé.* Gal.: *accoumouro.*

halb (medio) *ęuaįyakę (ĕŧinę)*[1].

voll (lleno) *(ĕŧinę) nánęhę*[1].

alles
(todo)
ůmę.

	Rouc. 2: *éméreu.* Gal. (S.): *iromoro.* Carin.: *moro.*

alle Leute (todos los hombres) *ůmę kaŧihóna nái.*

allein (solo) *tęnyĩŧękęuę (tęnyĩŧękę-ęuę* = der einzige ich = ich allein).

nur Einer, der Einzige (uno sólo, el único) *tęnyĩŧę.*

M. Pronomina — Pronombres.

Ich
(yo)
ęuë.

Ap. 2: *éoué.* Trio 2: *wei, weyu.* Rouc. 1: *eou, you, ou.* Rouc. 2: *eou, you, ou, iya, oya, ouya.* Up.: *eu, yu.* Pian. 2: *you.* Pajùre: *jù.* Carij.: *aoui.* Ip.: *uy.* Gal.: *aou.* Kal.: *au.* Yauap.: *aú.* Inselkar.: *ao.* Cum., Tam., Avaricotto: *ure.* Mak.: *uré, hure.* Mac. (C.): *ouré, youré.* Mac. (G.): *uré.* Krisch.: *iury.* Ip.: *iuré* = mein. Nah. 1: *úrei.* Bak.: *úra.* Ar.: *oura.* Chaym.: *uche.*

du
tú
ęmĕŧë.

Rouc. 1, 2: *amolé, amoré.* Carin., Pian. 2: *amoré.* Gal.: *amoré, amolo, amoro, moré, moro.* Kal.: *amolo.* Mak.: *ameré,· hamore.* Mac. (G.): *amaré.* Ap. 2: *amoro.* Ar.: *amora.* Up.: *amole.* Cum., Chaym., Avaricotto: *amuere.* Tam.: *amàre.* Trio 2: *amąlili, amölili.* Mac. (C.): *amanré.* Inselkar.: *amánlle.* Bak.: *ăma.* Pajùre (Gilij: III. p. 202): *amà.* Ip.: *aim.* Palm.: *hómo.* Rouc. 2: *moué.* Ip: *ameré* = dein. Inselkar.: *amavem* = Zwillinge. Ein Anderer: Inselkar.: *amien.* Rouc. 1, 2, Gal.: *amou.* Kal.: *amu.* Gal.: *am.* Up.: *amö, mue* = du; *amu* = ein anderer. (Lingoa geral [Tupi]: *amú.*)

er
él
akóŧono
(= ein anderer).

Gal.: *accono, iakouno.* Chaym.: *yacono.* Krisch.: *iacono.* Cum.: *chacono.* Bak.: *aɣóno, zaɣóno.* Rouc. 1: *acon, ancon.* Rouc. 2: *acone.* Up.: *akon.* Ap. 2: *z-acoro.* Ip.: *taconó.* Mak.: *tacun.* Yauap.: *i-akunū* = Bruder. Ak. (Br.): *wi-ahgon* = mein Bruder. Up.: *i-akon* = Bruder. Trio. 2: *anko.*

wir
(nosotros, -as)
kęmĕŧë.

Chaym.: *cuche comore* = nosotros todos sin exclusión.

ihr
(vosotros, -as
aniãmoŧó.

Ak.: *amiąmoro, amiamo.* Cum.: *amiamor-como, amiar-com.* Chaym.: *amiamor-com.* Car.: *amainyaro.* Tam.: *amgnamoro.* ihr (possessiv): Krisch.: *iamoró.* Ip.: *inhamoro.* Mak.: *ingamoró.* — Mak. (Sch.): *hanamore.* Bak.: *hamarémo. amarĕmo, marĕmo, amúru.* Kal.: *amąlą, amąle.* Mac. (G.): *amaré-nucon.* Nah. 1: *emuru.*

---

[1] *ĕŧinę* = Kochtopf, olla, puchero.

dieser (este) *mëhî.*	Bak.: *mĕra.* Ap. 2: *mokéré, mogueré.* Gal. (S.): *moonii* = dies. — er: Gal.: *moco, moc, mocé.* Carij.: *moké.* Tam.: *mocke,* *macke.* Carin.: *mohcoro.* Rouc. 2: *mogueré, moheré, mohé,* *méhé, moglé, mo.* Up.: *maglí.* Trio 2: *imoli, malili.* Kal.: *mase, magrle.* Ip.: *moqueré, maqueré.* Mak.: *maquery, mai-* *queré.* Chaym.: *mequere, muec.* Cum.: *muekire, muek.* — jener: Tam.: *more.* Cum., Chaym.: *muere.* Bak.: *mare,* *mał.* Ak.: *murra.* Cum.: *muen, muenire.*
dies da[1], dieser da (esto, este) *ếnę.*	Gal.: *ini.* Rouc. 2: *iné, inéré, inélé* = er. Rouc. 1, Carin: *inelé* = er. Up.: *inele* = er. Rouc. 1: *hélé* = dieser, dieses. *séré* = dies da. Rouc. 2: *seré, héré, séné, chine, chinn, sine* = dieser. Ap. 2: *séné, séré, séé* = dies da. Trio 2: *sini,* *širö* = dieser, dieses. Up.: *šin, sere* = dieser, dieses.
selbst (mismo) *mĕdyáłętęnaį.*	Rouc. 1: *malala;* er selbst = *inelé-malé.* Rouc. 2: *mala,* *malala.*

andere Leute (otra gente) *akółonō kałihóna.*

mein Bogen (mi arco) *ęuĕ uĕłáhāłi.*

dein Bogen (tu arco) *ęmĕłĕ uĕłáhāłi.*

sein Bogen (su arco de él) *akółono kałihóna uĕłáhāłi* (andere Leute Bogen)
[otra gente arco].

unser Haus (nuestra casa) *kęmĕłĕ mĕnę.*

euer Haus (vuestra casa) *ęmĕnę yadĕkĕni.*

ihr Haus (su casa de ellos) *nĕłę mĕnę.*

N. Adjektiva — Adjetivos.

Groß (grande) *mónomęnaį,*	Carij.: *monomé.* Trio 2: *mana, maname.* Yao: *nomone.*
klein (pequeño) *hītxáłękęnaį.* *hīdxāłękęnaį.*	Carij.: *itchano.* Trio 2: *pia, apisime.*
hoch (alto) *káuęnaį.*	Up.: *kauwé, kawenhak.* Rouc. 2: *caouahenhap.* Mac. (C.): *caouinéman.*
tief (hondo) *nonáuęnaį.*	Inselkar.: *onabouti* = niedrig.

---

[1] auf etwas hinweisend, mostrando alguna cosa.

lang
(largo)   Ap. 2: *moça*. Inselkar.: *mouchinagouti*.
mẹhanai̯.

kurz
(corto)   Ap. 2: *mouétéécé*.
dĕdĕ(d)žẹnai̯.

breit (ancho) *ahihimẹ́tẹkẹnai̯*.

fett (gordo) *mȯnomẹnẹnȯhixta* (vgl. groß).

mager
(flaco)   Inselkar.: (R.): *toulééli*.
ihohẹtau̯átati.

schwer
(pesado)   Trio 2: *amuimanei, amuimaka*. Gal.: *moehimbé, mosimbé*.
                    Kal.: *awąsimbe-maŋ*.
ẹmĕ̆ji(d)zákanai̯.

leicht (ligero) *átẹkẹ*.

flüchtig, rasch (veloz) *ẹtẹ́komẹdẹ́kẹni*.

alt
(viejo)   Trio 2: *tamutupö*. Palm.: *tamoáte*. Carin.: *tampoco*. Bon.:
                    tapoucú.
tamútuhẹ.

langsam (tardo, lento) *dẹtexnẹ̆tẹkẹdẹ́kẹni*.

hart
(duro)   Trio 2: *aküpoi, akuipoi*. Rouc. 2: *takipsé*. Up.: *takipse*.
akẹ́hẹẹ.

weich
(mullido, blando)   Bak.: *tokonáɣe*.
oxkonytmẹnai̯.

gerade
(derecho)   Rouc. 2: *ɣapom*. Up.: *hapom*.
dahĕmẹ.

rund
(redondo)   Rouc. 2: *tamilimili oualelé; ouiririmé* = enroulé.
imótiti.

kalt (frío) *kẹjímatẹnai̯*.

warm
(caliente)   Trio 2: *atuma* = heiß, warm. Rouc. 2: *achipchac*. Up.: *ašipsak*
                    = heiß, warm. Ap. 2: *achiné*. Rouc. 1: *échimhac*. Gal.:
atúsakanai̯.   *assimbéi*. Kal.: *asiembe, asiemba* = heiß, warm.

trocken (seco) *nahánẹ*.

naß (húmedo) *tahi(d)zu(x)kẹ*.

verfault (podrido) *nẹkĕ̆tánẹ*.

krank
(enfermo)
kutúsakanai̯.

Carij.: *ouacourou koutousakenaï* = j'ai mal au ventre. Trio 2:
kutumsak, yakutuma, ketekumaka. Up.: *etúmhak.*

tot (muerto) *nahé̜iyā̜ne̜.*

blind (ciego) *te̜nûke̜dai̯ke̜.*

taub
(sordo)
te̜hánake̜dai̯ke̜.

Bak.: *tiwanataγéni.*

stumm (mudo) *kutake̜nouómiti* (= schlechte Sprache).

lahm (cojo) *te̜né̜make̜né̜ji* (cf. „feig").

schwanger
(preñada)
më̜nóto, me̜nóto.

Rouc. 2: *mounomé* = femme grosse.

gut
(bueno)
kûte̜, kûte̜nai̯.

Trio 2: *kule, kulanu.* Up.: *kuranu* = schön, hübsch. Yauap.:
kuranum = hübsch. Ap. 3: *courè.* Ap. 2: *coulé* = gut, schön.
Gal.: *couré, couramé, couramené, couranamé.* Rouc. 1:
kulé, kulé-kulé = Freund. Bak.: *kxûra.* Api.: *kurep.* Carij.:
courenaï = hübsch. Rouc. 1, 2: *couranou* = schön. Gal.:
couramé = schön. Ar.: *éouré-pôura* = bon; *coureplé* = bien.
Mak.: *curané* = dick. [gut: Rouc. 1, 2, Carin., Pian. 2:
iroupa. Kal., Up.: *irupa.* Rouc. 1: *irapa.* Rouc. 2: *ipoc.*
Gal.: *airolo.* Carij.: *maïta.* Trio: *mounou.* Maqu.: *achica*].

schlecht
(malo)
kutáke̜, kutáke̜nai̯.

Bak.: *kxurápa.* Cum.: *curepra, curepuin.* Api.: *kurimpĕ.*
Trio 2: *kulipöme* = böse.

ein schönes Mädchen (muchacha hermosa) *ue̜tíji e̜më̜da.*

dumm (tonto) *te̜uáta(x)ke̜nai̯.*

tapfer (bravo) *te̜né̜me̜nai̯.*

feig
(cobarde)
te̜né̜ma(x)ke̜
     (cf. „lahm".)

Up.: *elanmak, elanmhak* = bange, furchtsam.

sehr weit (vast[ísim]o) *më — — — hanai̯.*

erfolglos auf dem Fischfang [l. g. panéma] (pescando sin coger nada, pesca
     estéril) *ikûja sáxkane̜dai̯ke̜.*

O. Farben — Colores.

Weiß
(blanco)
tamútune̜.

Cum.: *tumtune, tarentuniem.* Chaym.: *taremodne, taremodnan.*
Ap. 2, 3: *cari-moutoumé.* Mac. (C.): *aïmoutou.* Mak. (Sch.):
aimatong. Inselkar.: *tamóneti, timoûtéti* = il est blanc.
Gal.: *tamoué, tamouné.* Kal.: *tamune.* Carin.: *tamouné.*
Par.: *domùnané.*

schwarz
(negro)
ɖukútumẹ̄mẹ.

> A p. 2: *chimicoutoumé.* A p. 3: *chinoucoutoumé.* M a c. (C.): *ricoutou.* M a k. (S c h.): *rikotong.* C h a y m.: *tiquitne.* C u m.: *tequichinem.* K a l.: *tekalaye.* B a k.: *tukuéŋ* = grün.

dunkel
(opaco)
uaɫûmẹnaị (= Nacht).

> K a l.: *tawalu.*

schmutzig (sucio) *ɖukútumẹnẹ̄ǰi.*

rot
(encarnado, rojo)
taxmɫ̇ẹmẹ.

> B a k.: *tapawilé͡ŋ, tapabilé͡ŋ.* T r i o 2: *tapiale.* N a h. 1: *toku-mélinya, tukumilinyo* = blau, grün. R o u c. 1: *talilimé, tale-limeu* = schwarz. R o u c. 2: *talilimé* = schwarz. A p. 2: *chi-mimé.* C h a y m.: *tocpire, tocpiran, tapire.* T a m.: *toc-pire* = rot; *taic-pirème* = gelb. G a l.: *tapiré* = rot, gelb; *taviré* == rot. R o u c. 2, C a r i n.: *tapiré.* K a l.: *tapɫ̇re.* U p.: *tapire.* I n s e l k a r.: *tàbire* (Jaguar = *caicouchi tàbire*). C u m.: *cara-pirem.*

blau
(azul)
tẹuẹdyúɫẹmẹ.

> A p. 2: *tioulé-moué* = himmelblau. R o u c. 2: *tioulé, taouame.* C h a y m.: *turaren.* C u m.: *turarem, tumurem* == gelb. C a r i n.: *toupourouma.* U p.: *tẹpu.* G a l. (L a e t.): *topiourome* == schwarz. P a r.: *kuelipé.*

grün
(verde)
atệɫẹmẹnaị.

> R o u c. 2: *ichérounmé, séloumé.*

gelb
(amarillo)
kaɫáuīdya (= gelber
    Ton, arcilla amarilla).

> C h a y m.: *carayer.*

P. Zeit — Tiempo.

Gestern
(ayer)
kokónyāɫẹ.

> T r i o 2: *kokoñali.* A p. 2: *coconié.* R o u c. 1, 2: *coconé.* U p.: *kokone.* I n s e l k a r.: *cognále.* G a l. (S.): *koinaro.* G a l.: *coignaro, coyara, coïaré.* K a l.: *koñalạ.* M a q u.: *conneri.* A r.: *cocoémé.* M a c. (C.): *coamouya.* M a k. (S c h.): *komom-pra.* P a r.: *kopanjolú.* B a k.: *kxopaléka.*

vorgestern
(antes de ayer, anteayer)
akóɫono kokónyāɫẹ.

> (I n s e l k a r.: *máne cognàle.* A p. 2: *moococonié.* R o u c. 1: *mon-coconé.* R o u c. 2: *moun-coconé.* U p.: *mun-kokone.* G a l.: *monin-coignaro, mani-coïaré.* K a l.: *mon-koñalạ.* M a k. (S c h.): *umini-komompra.* M a q u.: *conneri tontoːt.* T r i o 2: *koko-loba).*

morgen
(mañana)
kokŏgẹɫẹ.

> C u m., C h a y m., A p. 2: *cocoro.* T r i o 2.: *kokolo.* G a l. (S.): *kookoro, koroko.* A r.: *cocoloné.* C u m.: *coco.* G a l.: *coropo, acoropo, acolopọ.* R o u c. 1: *coropo.* K a l.: *koropo.* P a r.: *kópalé.* B a k.: *kxopaléka.* C a r i n.: *comaro.* (R o u c. 1, 2: *anoumalélé.*)

übermorgen
(pasado mañana)
mĕni kokónyāɫẹ.

> G a l.: *mani-coropo, amani-coropo.* R o u c. 1: *mon-coropo.* K a l.: *mon-koropo.* A p. 2: *moo-cocoro.* (R o u c. 1: *mon-anouma-lélé.* R o u c. 2: *moun-anoumalélé.* U p.: *mun-anumale*). A r.: *moro-cogloné* = heute.

heute
(hoy)
atátẹtẹ atúnauẹ.

> Rouc. 2: *chimalélé.* Up.: *simalé, simalélé.* Ap. 2: *séro-malilé.*
> Mak. (Sch.): *sererope.* Mac. (C.): *tchéréouaré.* Kal.: *erome*

ein andermal (otra vez) *ẽtẽkatẽtẽkẹ.*

jetzt (ahora) *atátẽtẹ.*

sogleich (luego) *uẽtẽgẹtẹ*[1].

dereinst (un día) *kokónyãtẹ.*

nachher
(después)
ganẽtẹ.

> Rouc. 2: *yane* — il y a un instant.

Q. Ort — Lugar.

Rechts
(derecho)
yahẹtunu.

> Bak.: *axóme.*

links
(izquierdo)
bẽoẽdyatẹ.

> Bak.: *pŏe.* Cum.: *poyehuiye.* Chaym.: *poye.* Ap. 2: *i-poze-reu.* Rouc. 2: *i-pouoi-né.*

hier
(aquí)
jtdya.

> Cum.: *chia, chiare, chiama.* Chaym.: *chie, chiema.* Rouc. 2: *chia-né. chia, sia* = dort. Up.: *šia* = dort. Bak.: *tiné.*

hier, hieher
txátẹ, dxátẹ.

> Rouc. 1, 2, Carij.: *talé.* Up.: *tāle.* Mak.: *taré.* Bak.: *tále, tare, tale, tõle. tyáre* = hierher. Cum.: *tare, ta.* Rouc. 2: *tan.* Up.: *tan.* Chaym.: *tarere* = hierher. Ap. 2: *taracitacé.* Tam.: *tanàre.*

nahe
(cercano, cerca de)
1. *ikúnẹkẹ.*
2. *mẽhãgẹ.*

> 2. Rouc. 2: *moyééra* = sehr nahe; *papehac* = nahe. Up.: *moy-era, moyira.*

dort
(allá)
mẽhãgẹtẹ.

> Rouc. 2: *mouiahcoure* = dort unten. Gal.: *moia, moé* = dort. Chaym.: *miye, mia, miama, miya.* Cum.: *mia.*

fern
(lejano, léjos)
mẽhã.

> Gal.: *moia* = dort. Chaym.: *mia, miya* = dort. Cum.: *mia* = dort. Yauap.: *múpú, mubú* = dort; *mié* = fern.

dorthin
(á este lado, por allá)
múnẹnaị.

> Gal. (S.): *moonii* = dies.

---

[1] Für „sofort, sogleich" erhielt ich bei zwei verschiedenen Gelegenheiten auch dasselbe Wort wie für „Abend, Dämmerung": *kokonyenẽjí.*

dorther (de allá) *ëⁱẹnyẹ, ëⁱẹnyẹnai̯*.

vorwärts (adelante) *uáhonai̯*.	Cum.: *yahuapo*. Kal.: *wapu, wapạ* = vor, vorn. Trio 2: *wapạ* = vorn. Bak.: *wãnõe* = nach vorwärts (stoßen).

rückwärts (hácia atrás, para atrás) *ẹmëⁱjinẹxtakẹ*.

vor dem Haus (delante de la casa) *mĕnẹ̃ dādoiẹmẹ*.

hinter dem Haus (detrás de la casa) *mĕnẹ̃ gaï*.

oben auf dem Haus (encima de la casa) *mĕnẹ̃tẹto*.

auf dem Baum (en el árbol, encima del árbol) *uẹuẹho*.	Rouc. 2: *uéué-po* = auf dem Baum.

unter dem Haus (debajo de la casa) *mĕnẹ̃ ẹhīnẹ*.	Unter: Rouc. 2: *opiné*. Ap. 2: *opiné, z-opigno*. Car.: *upinyu*. Gal.: *oubino*. Cum.: *ypna-hue*.

innen im Haus (dentro de la casa) *mẽn(ẹ̃)hotáⁱi* (= Haus-Eingang).

R. Modale Ausdrücke — Adverbios de modo.

Ja (sí) *hẹhẹ̃ — — —! ẹ̃, ẹ̃hẹ̃, ẹ̃hẹ̃*.	Bak.: *ehé, hehé*. Kal.: *aha, ö-ö*. Par.: *ijòe*. Api.: *ä*. Rouc. 2: *euh*. Rouc. 2: *yo*. Up.: *öhö*. Gal.: *ya*. Chaym.: *en, ina*. Cum.: *yna*. Mac. (C.): *igna*. Mak. (Sch.): *üna*. Inselkar. (R.): *anhan*. Pian. 2: *na*. Ap. 3: *an*. (Gal.: *terré, teré*. Gal. (S.): *téré*. Carin.: *taarou*. Lingoa geral [Tupi]: *eré*.)
nein (nó) *uá, úanái*.	Carij., Inselkar., Gal. (S.), Rouc. 1, Pian. 2: *oua*. Gal.: *oua, ouati, ouané, ouatinan, ouacé*. Kal.: *ua*. Up.: *ua*. Rouc. 2: *ouâ, oua, oualé, ouâ-telé*. Bak.: *haá, a(h)*. Par.: *uassé*. Carin.: *ouani, ouane*. Chaym.: *guaca, guache*. Cum.: *huàchike*. Mak. (Sch.): *kani*.

S. Zeitwörter — Verbos.

atmen (respirar) *yẹsẹtaⁱénāⁱi*.

aufstehen, sich erheben (levantarse) *tẹ-tunuxtéyẹ-mẹ*.	Rouc. 2: *ténéptéyẹ* = aufstehen (morgens).

baden (bañarse) *ẹhẹ̃ẹ-máni*.	Rouc. 2: *épéhe, epihé, t-épéhe*. Up.: *epe-he*. Cum.: *hu-cipi-aze*. Chaym.: *gu-ẹpi-az*. Mak.: *u-epe-ny*. Ip.: *n-cupu-i*. Ap. 2: *épou-icé* (= ich will baden). Gal.: *opi*. Car.: *obi*. Krisch.: *ebo-co*. Trio 2: *t-epoi*. Bak.: *i*.

binden (atar, ligar, amarrar) *itẹnámakẹ*.

bleiben (quedar) *ëⁱẹⁱẹⁱẹkẽẹⁱjikẹ*.

| braten
(asar, freir)
i(x)hú-tu-ke. | Rouc. 2: *ipou-rou-ké.* Up: *ipuruke* Chaym.: *ipu-r-que;* er-
wärmen = *ypu-en-az, ypu-enec.* Cum.: *ipu-aze.* Bak.:
ixu. Mak.: *ipo-té* == brennen. Trio 2: *ipuli-ai* = rösten,
braten. |

Fische braten (asar peces) *ikúja i(x)hútuke.*

| brennen, verbrennen
(quemar)
ihó(x)-mā-ke. | Mak.: *ipo-té.* Bak.: *xuye.* Cum.: *yuc-aze, tuc-aze.* |

| bringen
(llevar, traer)
txáte éne-ke (= hierher
bringe!) | Ap. 2: *éné-keu* = bring! Mac. (C.): *éné-keu ourébia* = bring
mir! Par.: *enne-ké* = „ich will essen" (= bring!). Rouc. 2:
énép-keu; touna énép-keu = bring Wasser! Up.: *énep-kö!*
enep-ta == bringe! Api.: *enep-ko-uore* == gib mir, bring mir!
Mak. (Sch.): *y-enép-u* = bringen. Rouc. 1: *touna enepta*
= Wasser bringen. Bak.: *ene.* Gal.: *s-éné-tagué* = ich werde
bringen; — suchen: Cum.: *enip-que.* Chaym.: *enip-ipra.*
tip-che. |

bringe Wasser! (trae agua!) *txáte túna* (= hierher Wasser!).

| coitum agere
(hacer el cóito)
e-(d)zékue-māni. | Rouc. 2: *té-héqué. mo-hiqué.* Cum.: *hu-ecu-aze.* Chaym.:
ocno-pra = ich wohnte nicht bei. Bak.: *aka-ni. axka-ni.* |

denken (pensar) *teuátējike.*

| essen
(comer)
e(d)zetehátéke
(= esset!). | Maqu.: *ekeri, areintanka.* |

| fallen
(caer)
anó-tāne. | Trio 2: *t-anata-i, n-anata.* Cum.: *hu-ena-ze, y-ena-r.* Chaym.:
y-ena-z. Ak.: *ennah, eyna,* |

| fegen [den Schmutz aus
dem Hause]
(barrer [la casa])
hátai isákā-ke
(= Hausplatz fege!). | Chaym., Cum., Mak., Krisch., Ip., Rouc. 1, 2, Ap. 2: *pata;*
Inselkar.: *bata;* Rouc. 2: *i-patare, pati;* Ak.: *para* ==
Haus, Dorf, Stadt, Ort, Landstrich, Stamm; — fegen: Kal.:
auta saka-kai == ich fege das Haus. Rouc. 2: *picha-poc;*
Bak.: *sawikxone.* |

fischen (pescar) *ikúja isáxkata* (= Fische er hat gefangen).

fliegen (volar) *ehétekákēte*

fließen (correr) *túna ehétete* (= der Fluß fließt, strömt).

fühlen (sentir) *kutúsakanai ejikéteke* (= krank ich fühle).

| fürchten
(temer)
natí-jikenai. | Krisch.: *nari-quy,* Mak.: *nari-pe.* Ip.: *inari-quy.* Ak.: *eynari-*
ta. Ap. 2: *enaré-ma-ke.* Gal.: *t-enari-gué, t-enari-quien,*
t-enari-qué, t-enarc-quien. |

| gähnen
(bostezar)
y-etáho-te, y-etáhō-ti. | Bak.: *itau.* |

geben
(dar)
ękatá-makę (d)yí(d)ya
(= gib mir).

Kal.: *i-kalama-kạ* = verkaufen. Trio 2: *te-kalamai* = kaufen. Rouc. 2: *équéré-keu*. Kal.: *i-kạ*.

gebären (parir) *mũtędye, mũtędyę* (cf. *mũtę* = Säugling, Kind).

geboren werden (nacer) *ęxmãki męnótomęnaị (mënóto* = schwanger) (zu „*ęxmãki*" cf. „Morgenröte").

gehen
(andarse, andar, ir.)
1. *itu-x-táka tę̈ëmë*.
2. *itu-x-táka dëmë*
(= Wald in sie gehen, er geht).

Carin.: *etema, item*. Ip.: *etameu*. Inselkar.: *i-étéma-li, n-item*. Chaym.: *itemue, utemue, ute, ut-a-z, uton, tému, tamue, tumue, tu, te, ta, chamue, che, ze*. Cum.: *ute, yte, yche, te, ta*. Tam.: *ute, ite, da*. Krisch.: *etani-n*. Mak.: *uten, u-eten*. Ak.: *otu, itu, du, da*. Bak.: *ita, u-uta* = ich gehe, ging. Carij.: *ite*. Car.: *itu, itoh-bo*. Rouc. 1: *ita, n-issa*. Rouc. 2: *ité; n-issa* = geh weg! Ap. 2: *ta*. Gal.: *ita, issa*. Kal.: *amol-ita* = geh! Trio 2: *t-utei, t-etei*. Up.: *t-utei-yu* = ich gehe.

graben
(cavar)
ahíga-kę.

Ak.: *ahga, aga*. Cum.: *ch-aca-r, hu-aca-ze*. Chaym.: *t-aca-ze*. Krisch.: *i-aca*. Mak.: *i-aca-quy*. Bak.: *y-ake, z-ake*.

greifen, fassen
(tomar, asir)
n-ahę́-ji.

Bak.: *s-awa, s-awö;* er ergreift = *n-awạ-te, n-awö-ta*. Ak.: *ahbi-chi, ahbi, apu*. Cum.: *ch-apue-chir, hu-apue-daze*. Chaym.: *ch-apue-chaz*. Cum.: *hu-apue-zache, t-apue-ze*. Gal.: *s-apoui; s-apouay;* nimm = *apoui-qué, apoua*. Rouc. 2: *apoï-keu, apoï-ké, apoï-ke-lé*. Ap. 2: *apoï-keu* = nimm! Rouc. 1: *ch-apoui*. Inselkar.: *ch-aboüi-bae* = nimm! Car.: *apoi, apoe*.

heraustreten, aus dem Hạuse (salir de casa) *tëkę́tę, dëkę́tę*.

hören
(oir)
uómi ętá-kę (Wort
höre!).

Krisch.: *itá-que* = höre! Bak.: *ita, ida*. Cum.: *t-eta-ze, eta-k;* ich höre = *hu-eta-ze*. Chaym.: *ch-eta-z, t-ita-z*. Gal.: *s-ete-y*. Inselkar.: *ch-ete-i nomëti* = ich weiß es wohl. Rouc. 1: *s-éta-ï*. Rouc. 2: *s-éta-ye* = ich habe gehört. Ap. 2: *étaa-cacé*. Ak.: *eydah*. Carin.: *an-eta apanari* = verstehst, hörst du mich nicht? Kal.: *ta-ka* = hören. *m-eta-na* = hörst du? Trio 2: *t-eta uya* = ich höre.

hungern (tener hambre) *ęmiyęnę yę́ji*.

husten
(toser)
totó-nę dodó-nę.

Rouc. 2: *tohtoto-ticaye*. Trio 2: *tontonta* = husten. *otono* = Husten. Up.: *tạtạta* = Husten.

jagen (cazar) *manákęnę ihĩnęxtá* (= laßt uns gehen jagen).

kacken
(cagar)
u-ękai-uę́tęi.

Cum.: *hu-eca-ze, av-eca-k*. Bak.: *ạiki*.

kämpfen (combatir) *ęhënęxnę*.

kauen (masticar, mascar) *nahohódyānę*.

kaufen (comprar) *nętęhé-manę*.

klettern (trepar) *ẹnẹ́nuxnẹ.*	Ap. 3: *anoune.* Kal.: *au w-anu-sa, kawo-na-ga* = ich steige (auf einen Baum).
kochen (cocer) *tẽ(d)yḗ-kẹ.*	Trio 2: *tuye, tie-topo, t-ikale.* Rouc. 2: *tiikeré* = bouillir; *tire-ké* = fais bouillir; *(touma) hétek tiké* = cuisiner. Up.: *tireke.*

kommen (venir, llegar) *kaɫihóna nẽhẹ́ nẹ́tüɫa* (= Leute töten sind gekommen).

kriechen (arrastrarse) *uóto mẹtënẹ*[1] (Enthält „*uóto* = Taiasú-Schwein").

lachen (reir se) *ẹúɫānẹ.*	Kal.: *wale.*
machen (hacer) *eɫẹ-kómẹ-tẹnẹ-kẹ („ẹɫẹ́komẹ(dẹ́kẹni)"* = rasch).	Carij.: *a-camaé.* Cum.: *t-iri-che, eri-pra.* Chaym.: *t-iry-az, t-ir-az.* Rouc. 2: *t-iri-quelé, eri-a.* Ap. 2: *t-iri-qué.* Gal.: *s-iri.* Krisch.: *iru-ia.* Mak.: *t-er-nia.*

mahlen (moler) *ẹmó(x)mōɫi, ẹmó(x)mōɫẹ.*

| malen (pintar) *imẹ̄núx-tẹɫi.* | Trio 2: *ti-menu-le* = gezeichnet. Cum.: *ymenuc-r-aze.* Chaym.: *ymenuc-r-az, t-emenuc-re.* Mak.: *s-emenung-a.* Ak.: *meynog-ah.* Ip.: *s-emeng-ai.* Krisch.: *ness-emeng-aia.* Gal.: *s-imero, m-imero, n-imero.* Kal.: *s-imerạ* = zeichnen. Up.: *t-imirik-sé.* Inselkar.: *ch-emérere, in-emere-têli.* Bak.: *iweni.* Mak.: *imenu* = Farbe. |

nähen (coser) *ɫúhuhi ɫamẹ̃ɫi* (= Baststoff nähen).

niesen (estornudar) *yatíhẹɫi.*

pfeifen (silbar) *ẹtákinẹ.*	Bak.: *etayinu.* Cum.: *y-eta-ze* = heulen; *y-et* = Pfiff; *y-etaktono* = Pfeifer.
pissen (mear) *nẹ-(d)zúx-tanẹ.*	Trio 2: *n-isuta-ni.* Ap. 2: *souou-tagacé.* Rouc. 1: *sou cou-poc.* Carij.: *toucou.* Gal.: *sicou, chicou.* Rouc. 2: *chic-taye, chic-a-teu.*

rauchen (fumar) *tāmẹ nẹ́ɫẹ̃ɫi* (= Tabak trinken).

reden (hablar) *nẹ-uóbānẹ.*

riechen (oler) *tẹ-hókẹnẹ-nẹ, tẹ-hókẹnẹ.*	Trio 2: *ti-pạgẹné, ti-pạkiné.* 'Ap. 2: *ti-pochiné.* Cum.: *tu-puchune, i-puchum, ty-pozno-r.* Chaym.: *i-pochuma-z.* Tam.: *poicné.*
rudern (remar) *i-goẹgá-kẹ, i-koẹká-kẹ.*	Trio 2: *akoika-kö, w-akwoiga-i.* Bak.: *i-kake, hi-kake.* Rouc. 2: *caïqué coure.* Ap. 2: *coïca-ci capouita-ké.*

---

[1] Heißt vielleicht „das Schwein läuft" oder etwas Ähnliches.

rufen
(llamar)
ketū-ke.

Gal.: *ni-cotay, ni-coté.*

schießen, mit dem Bogen (tirar con el arco) *ne-uëïyane* (cf. werfen).

schießen, mit der Flinte (tirar la escopeta) *kohéto keneuëne.*

schlafen
(dormir)
óni(x)ke.

Carij.: *n-oniksé.* Carin.: *ooniksé.* Inselkar.: *aóniquay. n-aonica-yem* = ich˙schlafe. Gal. (S.): *oonéka, oonébé, ouonésa.* Kal.: *onaka.* Trio 2: *uani-po-wai.* Gal.: *anagay, n-anegué. anaquay* = ausruhen, schlafen. Ar.: *aounéké.* Cum.: *hu-eniki-aze* = ich schlafe. *hu-eniqui-r.* Chaym.: *gu-enequi-az, eniqui-pra, euneque.* Ap. 2: *n-énooco.* Rouc. 1, 2: *t-iniksé.* Ap. 1: *s-inikné.* Pim.: *inigza.* Bak.: *iki.*

schlagen
(golpear, pegar)
ni-hahákane.

Bak.: *háye.* Kal.: *yaka* = schlagen, stoßen.

schleifen
(amolar)
iuá(d)za ahíhi-ke
(Messer schleife!).

Ap. 2: *aipi-keu* = schleife! Rouc. 2: *s-épi.* Up.: *ti-epi-sé.* Inselkar.: *ch-ibi-ti.* Cum.: *y-ep-taze, t-ep-teze.* Chaym.: *y-eb-taz.* Ar.: *(poulepté) ikiké.* Kal.: *t-ie-ke.*

schnarchen
(roncar)
onakótote.

Gal.: *anaquay* = ausruhen, schlafen.

schneiden
(cortar, tajar)
akuëtē-ti.

Chaym.: *aquete, aqueze.* Cum.: *ch-akete-r; hu-aketa-che* = ich schneide. Gal.: *s-acoto-ia, c-icoté, s-icoté. ch-iqueté.* Gal.(S.): *ikoto-go.* Ar.: *okotkot.* Rouc. 1: *s-ékéte-i.* Rouc. 2: *s-ekete-ye, t-ékétsé.* Ar.: *(yéyé) aguepto* = abattre (un arbre). Ap. 2: *acoocon.*

schwimmen (nadar) *e(x)kétene.*

sehen
(ver)
ené-ke.

Cum.: *t-ene-che, hu-ena-che, ch-ene-r, ene-k. hu-ena-ze* = ich sehe. Chaym.: *ch-ene-az.* Maqu.: *w-ene-ye.* Gal.: *s-ené, c-eney.* Gal. (S.): *ts-ééné.* Kal.: *ene-ka.* Trio 2: *t-ene-ye.* Up.: *s-éne-yu, h-éne-yu* = ich sehe. Rouc. 1: *s-éné.* Rouc. 2: *s-éné, t-éné-ye.* Ap. 2: *éné-no.* Inselkar.: *ch-énaim.* Bak.: *ehe, ese, ee, e.*

singen
(cantar)
eté-mi.

Gal.: *ere-my, ile-my.* Inselkar.: *ere-méri.* Mak. (Sch.): *uy-eri-mou* = ich singe. Ar.: *orè-me.* Cum.: *hu-ara-ze.* Bak.: *ali, ali, ari, öri* = tanzen, singen.

sitzen (estar sentado) *e(d)zeuaike.*

springen
(saltar)
ehénūne.

Bak.: *ahe-ti* = springen, hüpfen.

stechen (picar, punzar) *ihinéhi hotáti* (= stechen Loch).

stehen (estar en pie) *te-tunuxtéye-me* (= aufstehen).

sterben (morir) *hẹnḁtẹ nahẹ̆hẹ*.

tatauieren (tatuar) *itití(x)kẹhẹ*.

tauchen (zambullir) *ẹhuṭíkā-ṭi*.

töten (matar) *ihinẹ̆hẽ-ṭi* (cf. stechen).

trauern (estar triste, afligirse) *uȯmi* (= Wort) *axgẹ́ — — ṭẹnaị*.

trinken (beber) *uȯkẹ n-ẹ̀ṭẹ-ṭi* (= Getränk trinken) [cf. rauchen].	Up: *t-eli-he, t-ari-he, s-eneli.* Yauap.: *eneri.* Trio 2: *w-enili, w-eneli.* Rouc. 1: *s-enéli.* Rouc. 2: *inéré, s-éné-li* = er trinkt. Pian. 2: *s-éné-li (issé)* = (ich will) trinken. Gal.: *s-ine-ri, c-eneu-ry.* Carij.: *eni-ké.* Bak.: *eni, ine.* Cum.: *ein-ke, t-ein-che.* Chaym.: *gu-ene-chin, en-ke.* Kal.: *ini-kḁ.* Inselkar.: *ch-inai-m.* Ak.: *ini-mu, ini-n, ini.* Car.: *eynu.* Par.: *vok-ulú* = ich will trinken.

umkehren, sich umwenden (retroceder, regresar) *ẹhanáma-kẹ*.

untergehen [im Wasser] (irse á fondo) *ẽmẽgẹ* (= er geht unter).	Ak.: *umah.* Cum.: *cuma-ze, y-ucma-ze.* Inselkar.: *li-coma-li tono.* Ap. 2: *té-cuma-cé tuna.* Trio 2: *moŋkö* = sinken, ertrinken.

wachsen (crecer) *ānẹ̆xtā-ṭi*.

waschen (lavar) *máuṭukahẹhẹ i(d)zu(d)zúxka-kẹ* (= Kleider wasche!).

weben (tejer) *atátẹ kanẹ́(x)tẹ-kẹ, ẹ-kanẹ́(x)tẹ-kẹ* (= Hängematte fertige!).	·Tam.: *camnei* = weben.

weinen (llorar) *kaṭihȯna k-áhihẹ*[1] *onḁmẹ-ṭi* (= Leute beweinen).

werfen (arrojar) *nẹ-uẽ̆(d)yānẹ* (cf. schießen mit dem Bogen).

wollen (querer) *i(d)zẹ-uaẹ̀ ẹkaṭáma-kẹ* (= ich will gib!).	Kal.: *ise-uwa* = ich will. Trio 2: *ire-se-wai, ise-wai, se-wai, so-wai* = ich will. wollen: Ip.: *si-uai.* Rouc. 1: *icé.* Rouc. 2: *icé, iché, ihé, hé.* Ap. 3: *icé.* Pian. 2: *issé.* Gal.: *icé, iché.* Bak.: *ize, ihe.* Car.: *isey, sey.* Ak.: *ichey, chey.* Carij.: *ecé.* Ap. 1: *acé.* Kal.: *ose.* Ouayeouè 2: *ichou issé* = ich will. Ap. 2: *isacé* = ich will. Ar.: *idé-d-oura.* Api.: *ire-r-urŏ* = ich will. Inselkar.: *icheem* = ce que j'ayme. Krisch.: *iuaiaoiai.* Mak.: *itozoai.*

zählen (numerar) *nẹ̄-dǔdẹ̄nẹ*.

zeigen (mostrar) *nẹ-nẹ̆hōnẹ*.

ziehen (tirar) *n-ẹṭẹ́-manẹ*.	Bak.: *eti.* Up.: *kanawa t-itoŋmai* = das Kanu (in einer Stromschnelle) aufwärtsziehen. Trio 2: *kanawa etateiŋ* = ein Kanu auf das Ufer ziehen.

---

[1] *ahẹ́hihẹ* = er ist gestorben.

zittern (temblar) *y-atúnaį.*

auf! wohlan! (pues bien!) *e(d)zetehháxtëię ëxkené — — —!*[1] (cf. essen).

vorwärts! laßt uns
   gehen!
(adelante! vamos!) | Carij.: *maïconé, mainé.*   Maqu.: *maike.*

manękonęhå — — —! |

T. Sätze [2] — Frases.

Laßt uns zum Haus gehen!   *manękonęhå   mëhanaį håta mënę*
vamos á la casa!   laßt uns gehen   weit   Dorf Haus

laßt uns morgen zum Macáya fahren!   *manękoné*[3] *makåya-ya kokógętę*
vamos mañana al Macáya!   laßt uns fahren Macáya zu morgen

der Weiße ist vom Cuduiary gekommen.   *kuhúhahi-ya-(x)-tëtę yatánaį   nętuta*
el blanco ha venido del Cuduiarý.   Cuduiarý von   in (?) Weißer er ist gekommen

hole Brennholz herbei!   *uéuę e(x)tátę-kę   uéuę ętátę-kę*
trae madera para fuego!   *uéuętátę-kę*

zünde Feuer an!   *mahóto i-ętętę-kę*
enciende el fuego!   Feuer   zünde an

     Rouc. 2: *olé-té-ké ouapot* = Feuer anzünden.   Ar.: *campot diret-ka* = zünde Feuer an!

laßt uns im Haus schlafen!   1. *mënę-tauę t-óni(d)ze*
durmamos en la casa!   Haus   in   er schläft

                             2. *manękęhå óni(d)ze mënę-taka*
                             laßt uns gehen schlafen Haus in

wie heißt du?   *ëtęsę-má-naį.*
cómo te llamas?

    Kal.: *nake ete me-na* = wie heißt das? Carij.: *etéke-naï* = qu'est ce que? *otisé été moké*
= wie heißt das? Up.: *éti-hé* = was wünschest du? Rouc. 2: *étihé, éti* = qui? quel? quoi?
Gal.: *otété, étető* = wie; *été* = Name. Gal. (S.): *éété* = nennen. — Name: Kal.: *éti.* Up.:
ehet, eat. Trio 2: *yeati.* Bak.: *ehéti, ezéti.* Cum.: *y-echet, ch-echet.* Chaym.: *u-y-echet,*
     t-echett. Tam.: *it-edget.* Inselkar.: *eti.* Car.: *eytu.* Rouc. 1: *ehed.*

die Männer tanzen die ganze Nacht.   *gë(d)yå aåtętę ętęminę́ kuku nę́męhę*
los hombres están bailando toda la noche.   die Männer heute   tanzen Nacht   ganze

der Häuptling hat einen Jaguar getötet.   *inídomů   tęnyítękę   hiyåji*
el caudillo ha matado un tigre.   Häuptling einen einzigen Zauberarzt[4]
                              caudillo   un sólo   médico mágico

                              nę-hęnęhę
                              hat getötet
                              ha matado

---

     [1] Aufforderung zum Essen. In der Lingoa geral: *eré katú — — —!*

     [2] Die deutschen Sätze links geben die Form wieder, in der die Fragen gestellt wurden.
Der indianische Text weicht häufig erheblich davon ab, wie aus der wörtlichen Übersetzung
hervorgeht.

     [3] oder: *manękonęhå.*

     [4] Reizendes Mißverständnis, entstanden durch das Kobéua-Wort „*yauí*“, das sowohl
„Jaguar“ wie „Zauberarzt“ bedeutet.

     Equivocación muy bonita, nacida por el término kobéua „*yauí*“, que significa tanto
„tigre“ como „médico mágico“.

wir töten viele Affen.
matamos muchos monos.

úme̞ mĕ̞ku   hëne̞
viele Affen (sie) töten

die Weiber baden im Fluß.
las mujeres se bañan en el río.

túna-tae̞ nŏdχa   tëme̞
Fluß in die Weiber gehen

das Weib schläft in der Hängematte.
la mujer duerme en la hamaca.

atáte̞ - ho   nŏdχa   n-óne̞ke̞
Hängematte auf die Weiber schlafen
hamaca sobre las mujeres duermen

die Weiber fürchten die Gespenster.
las mujeres temen á los espectros.

nŏdχa   two   ínonai̞
Weiber Gespenster fürchten

Ak.: *u-jinuai* = ich habe mich gefürchtet.

die Gespenster sind schlecht.

katihŏna   amóɫe̞he̞   two   kuɫáke̞nai̞
Leute   Schatten, Seelen Gespenster schlecht

das Feuer brennt unter der Hängematte.
el fuego arde debajo de la hamaca.

atáte̞-ne̞   yatúyane̞ máhoto
Hängematte unter   brennt Feuer
hamaca debajo   arde   fuego

Bak.: *atuye* = brennen; *yatuhe* = sieden, *páru n-yátuhe-rái̞* = das Wasser siedet.

laßt uns Fische fangen mit Timbó.
pesquemos con el timbó.

iné̞ku-ke̞   ikúja t-ë(d)ze̞   mané̞kone̞
Timbó mit Fische fangen laßt uns gehen
Timbó con   peces coger   vamos

der Arara hat sich auf den Baum gesetzt.
el arara [1] se ha sentado en el árbol.

ke̞nŏto e̞(d)ze̞ - ma   hóe̞ ué̞ue̞nai̞
Arara   sitzt   auf Baum
arara ésta sentado sobre árbol

ich gehe mit meinem Freunde.
voy con mi amigo.

móe̞te̞te̞   mǎte̞ u-é̞tai̞
mein Gefährte mit ich gehe
mio compañero con yo voy

ich schneide mit meinem Messer.
corto con mi cuchillo.

iuá(d)za - ke̞ (d)y-e̞-háke̞te̞
Messer mit   ich schneide
cuchillo con   yo   corto

ich kämpfe mit den Feinden.
peleo con los enemigos.

he̞ne̞(x)tónoko - mǎte̞ y - e̞ - he̞né̞(x)yai̞
Feinde   mit   ich   kämpfe
enemigos   con   yo   peleo

ich will Bananen essen.
quiero comer bananas (plátanos).

hǎtu   nahé̞-(d)ze̞ - uai̞
Bananen   will   ich
bananas   quiero yo

gib mir Bananen!
dáme bananas!

hǎtu   e̞kaɫáma-ke̞ (d)yi̞ - (d)ya
Bananen   gib   mir
bananas   da   á mí

ich will Wasser trinken.
quiero beber agua.

túna (d)zé̞ uai̞
Wasser ich will
agua   yo quiero

er gibt mir kein Wasser.
él no me da agua.

túna kaɫǎma - uanai̞ (d)yi̞-(d)ya
Wasser er gibt nicht   mir
agua   el da no   á mí

der Urubú hat sich auf das Haus gesetzt.
el gallinazo se ha sentado sobre la casa.

mĕ̞ne̞ - hóe̞ kúɫugo ne̞-tuɫé̞me̞ne̞
Haus auf   Urubú hat sich gesetzt
casa sobre gallinazo se ha sentado

---

[1] gnacamayo,

der Doktor hat einen Tapir geschossen.
el doctor ha matado un tapir.

tĕnyit̥ek̥e majthuti ne-hĕnehe [1] *dotŏto*
einen einzigen Tapir hat getötet der Doktor
uno solo tapir ha matado el doctor

die Leute haben keine Fische gefangen.
los hombres no han cogido pescado.

ikŭja ehŏti uanai katihŏna
Fische haben gefangen nicht Leute
pescado han cogido no gente

ich tauche in den Fluß.
yo me sumerjo en el río.

(d)ye-mĕnyaĕt̥ehe tuná-(x)-kake
ich tauche Fluß in
yo me sumerjo río en

lege das Messer auf die Bank!
pon el cuchillo en el banco!

ĕhéi-ho kĕ(d)ze tĕtĕ-ke
Bank auf Messer lege
banco sobre cuchillo pon

lege das Messer unter die Bank!
pon el cuchillo debajo del banco!

ĕhéi-ehine kĕ(d)ze tĕtĕ-ke
Bank unter Messer lege
banco debajo cuchillo pon

lege das Messer neben die Bank!
pon el cuchillo junto al banco!

ĕhéi-gai kĕ(d)ze tĕtĕ-ke
Bank neben Messer lege
banco junto cuchillo pon

wie viele Fische hast du gefangen?
cuantos peces has cogido?

e(x)táte ikŭja (d)zá(x)ka
wie viele Fische hast du gefangen
cuantos peces cogiste

die Kolombianer haben sehr viele Leute getötet.
los Colombianos han matado á mucha gente.

ú - - - me katihŏna hénehe
sehr viele Leute haben getötet
á mucha gente han matado

etŭkudxa
die Kolombianer
los Colombianos

wenn der Ehemann gestorben ist, weint die Witwe.
cuando el marido muere, llora la viuda.

ĩnyo ahéhihe ihétebe
Ehemann ist gestorben Witwe
marido murió viuda

ne-(x)-tehányane
weint
llora

wenn der Vater gestorben ist, weint die Tochter.
cuando el padre muere, llora la hija.

i(d)yŭmo ahé(x)teuĕ ejitibe ne-(x)-tehányane
Vater gestorben Tochter weint
padre muerto hija llora

wenn der Vater gestorben ist, weinen die Kinder.
cuando el padre muere, lloran los hijos.

i(d)yŭmo ahéhehe ehéke metĕ(x)ti
Vater ist gestorben Kinder
padre murió hijos

ne-(x)-tehányane
weinen
lloran

der Weiße tanzt mit den Leuten.
el blanco baila con la gente.

yatánai etĕmi kŭ(d)yane katihŏna-matĕ
der Weiße tanzt Leute mit
el blanco baila gente con

die Weiber treten aus dem Haus.
las mujeres salen de la casa.

nŏdxa [1] *ne-hátaka* [2] *mĕne-n-ye*
die Weiber sind erschienen, getreten Haus aus
las mujeres vinieron, salieron casa de

---

[1] oder nur: „*hinehe*".

[2] Zu „*nehátaka*" vgl. „*nehátaka nine* = er ist erschienen der Mond = Neumond".

die Männer haben kein Inambú geschossen.
los hombres no han matado ningúna perdiz.

gĕ-(d)ya	*hẹtúnẹ*	*hẹ́-uanaị*
die Männer	Inambú	haben getötet nicht
los hombres	perdiz	han matado non

in dem Haus sind keine Leute.
en la casa no hay gente.

mẽnẹ́-tauẹ	*katihŏna*	*á(x)kẹnaị*
Haus in	Leute	keine
casa en	gente	ningúna

in dem Haus sind viele Pium.
en la casa hay muchos tábanos.

mẽnẹ-(x)-tẹtẹ	*máhiti*	*natẹ́ma(x)kẹnaị*
Haus in	Pium	viele
casa en	tábanos	muchos

weine nicht!
sei ruhig!   } die Leute kommen!
beruhige dich!

tẹtẹ́hadakẹ	*katihŏna*	*nẹ́hianẹ*
„	„	*(a)hinẹ́nẹnẹ*
„	„	*ayéinẹnẹ*

wir wollen schlafen!

manẹkonẹhá   *óni(d)zẹ*
laßt uns gehen schlafen

Aufforderung zum Aufbruch.

1. *manẹkonẹhá !*
2. *manẹkonẹhatĕ!*
3. *manẹkonẹhẹtonŏ!*
4. *ẹtẹkŏmẹ   manẹhatŏ   mĕhanaị!*
   rasch   laßt uns gehen weit weg

Aufforderung zum raschen Rudern.

manẹkónẹtóẹ!   ikoẹkátẹ-kẹ!
auf! wohlan!   rudert!

————➤◄————

Lautwandel.

Das an- und inlautende *p, b* in den meisten übrigen Sprachen wird im Hianákoto in der Regel zu *h,* wie aus zahlreichen Beispielen in der Wörter-liste hervorgeht. Doch kommt anlautendes *b* in folgenden Fällen vor:

banáti = Ohr, mit den davon abgeleiteten Wörtern.

bútuhẹ = Kopf. *bobẹ́tāti* = Wange. *bẹ́tẹ* = Oberschenkel.

buhútu = Fuß, mit den davon abgeleiteten Wörtern.

bẹ̈mẹ̈ti = Hals. *batútu* = Nacken. *bonẹ́ti* = Nabel.

būnú = Fleisch. *bisákutu* = Gehirn. *bẹ́tẹ̈* = Gattin.

bāti = Enkel. *bā(d)yamú* = Enkelin. *bẹ̈oẹ̈dyatẹ* = links.

Auch dieses anlautende *b* wird zu *h,* sobald ein Pronominalpräfix oder ein bestimmender Ausdruck davortritt, wodurch der ursprüngliche Anlaut zu einer Art sekundären Inlauts wird.

tẹ-hána = sein Ohr (reflexiv)[1]. *i-hutuǵhẹ* = sein Schädel.

i-hohẹ́tāti = seine Wangen = Kiemenklappen des Fisches.

i-hisákūtu = sein Gehirn.

yatókẹtẹ-hútuhẹ = Peniskopf = Glans.

kudyuí-hutuǵhẹ = Schädel des Cujubim.

i-hánātẹ = sein Geweih. *utátẹto-hánātẹ* = Hirschgeweih.

híhi-hẹtẹ = älterer Bruder der Gattin = Schwager.

Nur wenige Beispiele finden sich für inlautendes *p, b.*

yẹpítāti = mein Kinnbacken. *yībá* = mein Schulterblatt.

bobẹ́tāti[2] = Wange. Außerdem in sämtlichen mit dem Suffix -*bẹ* versehenen Ausdrücken:

tuhítẹbẹ = verlassene Pflanzung. *ihẹ́tẹbẹ* = Witwe etc.[3].

Auch in diesen letztgenannten Ausdrücken ist das *b* gewissermaßen nur ein sekundärer Inlaut.

Verhältnis des Hianákoto zu den übrigen Sprachen.

Dem *h* im Hianákoto, das an Stelle von *p, b* in den meisten anderen Karaibensprachen steht, entsprechen häufig im Bakairí: *w, x, h* oder ein aus-gefallener Laut, im Nahuquá: *v, x, h,* im Apiaká: *w,* im Maquiritaré: *h,* wie aus der folgenden vergleichenden Liste hervorgeht:

---

[1] Im Adjektiv *tẹ-hána-kẹ-datkẹ* = taub; vergleiche weiter unten.

[2] Auch dieses inlautende *b* kann zu *h* werden: *i-hohẹ́tāti.*

[3] Siehe weiter unten.

	Cum., Tam., Gal., Rouc. etc.	Hianákoto	Bakairí	Nahuquá	Apiaká	Maquiri-taré
Fuß	Gal.: *boubourou*	*buhǎtu* (*i-huhǔtu*)	*kxuxúlu*			*ohorro*[1]
Oberschenkel	Gal.: *i-piti*	*bę̆tę (i-hę̆tę)*	*kxiwę̆te*		*i-wĕt*	*i-hête*
Arm	Gal.: *apori*	*y-ahę̆ti*	*kxawari*			
Ohr	Gal.: *pana* Rouc. 1: *panari*	*banǎti* (*i-hánāti*)	*i-wanatári*	*u-vanari*	*i-wanǎn*	*i-hanarri*
Haar	Gal.: *pote*	*- - - hōtę*	*xuto*			
Fleisch	Tam.: *punu*	*būnú* (*i-hǎnu*)	*ĭúno*			
Feuer	Cum.: *apoto*	*mahóto*				*guahato*
Himmel	Gal.: *capou* Kal., Trio 2: *kapu*	*kǎhu*	*kxáu*	*kavǔ*		*caho*[2]
Regen	Gal.: *connobo* Trio 2: *kĕnopo*	*konóho*		*konóoho, kxōóovo*		*connonhon*
Stein	Tam.: *tepu* Trio 2: *tĕpu*	*tę̆hu*	*túxu*	*tǎvu, tehu*	*ewö*	*thaho*
Pfeil	Mak.: *purau*	*hóu(d)ya*		*hǔré, xǔré*		
Gattin	Gal.: *poéte*	*bëtë, bętę* (*i-hętę*)	*i-wete*			
Tucano	Araquaju: *yapoko*	*dₓahóko*				*tchaoco* (=*tchahoco*)
Araruna		*kahę̆ta*	*kxawíta*			
Rochen	Gal.: *chipari*	*dĭhāti*	*šiwǎri*	*tivali*		
Pium	Gal.: *mapiri*	*mahę̆ti, máhiti*				*mahirri*
Rinde	Rouc. 2: *pitpe* Mak.: *ipipé*	*hítihę̆*				*hiihe*
Batate	Gal.: *napi*	*nahí*	*nahóto·*			
Cará	Pian. 2: *napeuque* Trio 2: *napökö*	*nahę̆kę*	*náwi*	*navi*		
braten	Rouc. 2: *ipou*	*i(x)hu*	*ixu*			
brennen	Mak.: *ipo*	*ihó(x)*	*xuᵧe*			
greifen	Rouc. 1: *apoui*	*ahę̄*	*s-awŏ*			

Crevaux hat im Carijona, das vom Hianákoto nur dialektisch verschieden ist, das anlautende *h* nicht empfunden, denn er schreibt: *anari* = Ohr; *outouhé* = Kopf; dagegen: *caho* = Himmel; *conoho* = Regen; *cahéta* = Ara; *mahiri* = Pium; *nahi* = Batate; *nahaké* = Igname, Cará. In anderen Ausdrücken ist das inlautende *p* im Gegensatz zum Hianákoto erhalten: *tepo* = Stein, Fels; *kinapoui* = Mörserkeule, Stößel; *ericapoui* = Sieb; *couroutpé* = Schildkröte. Dies ist vielleicht auch darauf zurückzuführen, daß Crevaux bei

---

[1] Im Majongkong, das vom Maquiritaré nur dialektisch verschieden ist, heißt Fuß — *ohutu*.

[2] Inselkaraibisch: *cáhoüe*.

seiner Aufnahme des Carijona durch das Roucouyenne, das er beherrschte, beeinflußt war.

Von dem *h* im Maquiritaré gibt Chaffanjon an: «h au commence-ment du mot est fortement aspirée; dans le courant du mot l'aspiration est faible, cependant assez marquée»[1].

Habitus der Sprache.

An Affrikaten kommen im An- und Inlaut vor: *đ, ǰ, dx̣. đ* ist bis-weilen von *ǰ, j* bisweilen von *dx̣* kaum zu unterscheiden:

ǰttu = Ameise. *ǰtke* = Sandfloh. *moyóji* = Spinne.

maǰíhuṭi, neben: *mađíhuṭi* = Tapir.

ikúǰa, neben: *ikắdx̣a* = Fische.

ǰthe = Krankheitsbemalung. *yeǰíhōṭe* = Augenwimpern.

yitaǰíhōṭe = Bart; und viele andere.

mắđu = Taracuá-Ameise. *đunắṭi* = Heuschrecke u. a.

dx̣úhi = Wassertopf. *ṭắdx̣a* = Blasrohr. *dx̣oékāṭe* = Bild u. a.

Ziemlich häufig ist die inlautliche Verbindung von *n* mit dem Halb-vokal *y*:

yinyṭko = Zunge. *yĕnyaṭe* = Hand. *manyíṭuṭu* = Fußknöchel.

kokonyenĕ̄ji = Abenddämmerung. *ínyõ* = Ehemann. *ṭẹnyi* = eins etc.

Bisweilen findet sich ein sehr leichter *d*-Vorschlag vor *y* und *s*, sowohl im Anlaut wie im Inlaut:

(d)yauí = Fischotter. *buhắṭu(d)yumu* = große Zehe.

i-(d)yẹ́tihe = Knochen. *kadyákẹ* = Hirsch.

mỏ(d)yo = Fischfalle. *hú(d)ya* = Pfeil etc.

(d)samútu = Sand. *(d)sōhẹ́*, neben: *sōhẹ́* = Strohhut.

manắ(d)so = Schambinde. *uē(d)sẹ̆ne* = Spiegel.

uẹ(d)sákẹ, neben: *uẹsákẹ* = Flatus etc.

Nur im Inlaut findet sich ein sehr leichter *x*-Vorschlag vor *k* und *n*, seltener vor *m* und *t* und sehr vereinzelt vor *s:*

yahẹ̆ṭiha(x)kāṭẹ = Ellbogengelenk. *hẹnắṭe(x)katẹ́* = Morgen.

axkuẹ́ṭehe = Trommelschlägel. *dx̣axkắṭaua* = Japeim (Vogel) u. a.

ẹ́xnāme = Rindengürtel. *yesẹ́(x)nāṭi* = Knie.

ya(x)nắṭu, neben: *yanắṭu* = Bach u. a.

taxmíṭeme = rot, Perlen. *ihẹ́(x)mĕne* = Sternbild.

ẹ(x)mắkẹ ne(x)kayákane = Morgenröte u. a.

ắtuxṭe = Tragkorb. *maxtắhi* = Mandiokaschlauch u. a.

uo(x)sóṭoṭo, neben: *osóṭoṭo* = Inambú (Rebhuhn).

Der Auslaut ist nur vokalisch, meistens *i* oder *ẹ*, die häufig kaum voneinander zu unterscheiden waren, so daß z. B. im Suffix bald *-ṭi*, bald *-ṭe* notiert wurde. Doch kommen auch *a, o, u (õ, ũ)* vor, besonders bei den Tier- und Pflanzennamen.

---

[1] J. Chaffanjon: L'Orénoque et le Caura. p. 342.

Im Anlaut finden sich alle Vokale und Konsonanten außer x, x̣; selten ł:

łúhuhi = Baststoff. łe̜(e̜)łé̜ = Fledermaus.

łé̜te̜ie̜ = Grille. łełéike̜ = Möwe.

łåḍxa, neben: (e̜)łåḍxa = Blasrohr.

łåta = Silber (Fremdwort vom spanischen: plata).

Die Betonung eines Wortes ist häufig verschieden, je nachdem es allein ausgesprochen oder in einem Satz gebraucht wird.

Grammatikalische Bemerkungen.

Substantivum.

Wie in allen Karaibensprachen, außer dem Inselkaraibisch, so hat auch im Hianákoto das Substantiv kein Geschlecht. Nur in seltenen Fällen, wenn die Unterscheidung des Geschlechts zum Verständnis notwendig ist, wird den Verwandtschaftsbezeichnungen und Tiernamen géłe̜ = Mann oder ue̜łiji = Weib nachgesetzt; z. B. kahé̜łi = Hahn, Huhn (allgemein); kahé̜łi géłe̜ = Hahn (im Gegensatz zur Henne); kahé̜łi ue̜łiji = Henne.

Der Plural wird nicht ausgedrückt. Doch scheinen die Partikel -(d)ya, -dxa, -ja bei gewissen Wörtern eine Art von Pluralsuffix zu sein:

gë̂-łe̜ = der Mann. gë̂-(d)ya = die Männer.

nó-dxa = die Weiber. Nach Analogie von gë̂-łe̜, gë̂-(d)ya müßte diesem nó-dxa eine Singularform nó-łe̜, nó-łi entsprechen. Indessen habe ich im Singular stets nur ue̜łiji, ue̜łiji erhalten.

e̜łåku-dxa, e̜łåku-ja = die Kolombianer.

ikû-dxa, ikû-ja = die Fische; im allgemeinen, ohne eine Unterscheidung der einzelnen Arten.

Kasus gibt es nicht. Die kasuellen Beziehungen werden ausgedrückt durch die Stellung der Substantiva zueinander und im Satz und durch Postpositionen[1]. Der Genitiv geht dem Ausdruck voran, den er näher bestimmt:

ye̜tåłe̜-hítihe̜ = Mundhaut = Lippe.

ye̜núłu-hítihe̜ = Augenhaut = Lid.

buhúłu-amosáiłi = Fußnagel. kadyåke̜-amosáiłi = Hirschklaue.

ue̜łiji-manáte̜łi = Weiberbrust.

yałóke̜łe̜-hútuhe̜ = Peniskopf = Glans. yałóke̜łe̜-hítihe̜ = Penishaut = Praeputium.

káhu-åko = Himmelsschaum = Wolke.

kajíłi-åko = Manikuéraschaum.

kanáua-më̈ne̜ = Bootshaus = Schutzdach des Bootes.

łwo-łé̜hu = Gespensterstein (Vorfahrenstein) = Steinbeil.

kume̜na-hanåłe̜ = Keulenohr = Griff der Keule.

ke̜we̜i-onåłe̜ = Angelnase = Widerhaken am Angelhaken.

---

[1] Siehe weiter hinten.

uɇtíji-manåɖoɫi = Weiberschurz.

ɖihámata-yēɫi = Pfeilzahn = Widerhakeń an der Pfeilspitze.

kaɫihóna-ɫwo = Leuteseelen = Gespenster.

majíhuɫi-hítihɇ = Ochsenhaut = Leder.

majíhuɫi-huhåɫu = Tapirfuß.

majíhuɫi-anuɫɫiɫi = Tapirschwanz.

majíhuɫi-aɫókɇɫɇ = Tapirglied.

uɫáɫɇto-hánåɫɇ = Hirschgeweih.

kauå(d)yu-amosáiɫi = Pferdenagel = Pferdehuf.

ɫóɫo-ónāɫi = Papageinasc = Papageischnabel.

ɫóɫo-aɫókɇɫɇ = Papageischwanz. *ɫóɫo-ahɇ́ɫiɫi* = Papageiflügel.

kuɫí(d)sa-hítihɇ = Tartarugahaut = Tartarugaschild.

uɇuɇ-hítihɇ = Baumhaut = Rinde.

uɇuɇ́-mīɫɇ = Baumsehne = Wurzel.

kaɫihóna-amóɫehɇ = Leuteschatten.

wɇ́i-amóɫɇɫɇ = Sonnenschatten = Sonnenstrahl.

ikåja-kábēɫi = Bratrost der Fische, für Fische.

Bei dieser Nebeneinanderstellung zweier Substantiva, die zusammen einen neuen Begriff bilden, können vokalischer Auslaut und Anlaut verschmelzen:

yonáɫotåɫi = *yonáɫi-otåɫi* = Nasenloch.

banåɫotáɫi = *banåɫi-otåɫi* = Ohrloch.

nōnotåɫi = *nóno-otåɫi* = Erdloch.

tɇ́hutåɫi = *tɇ́hu-otåɫi* = Stein!och = Höhle[1].

ɫádχonåɫi = *ɫádχa-onåɫi* = Blasrohrnase = Visier auf dem Blasrohr.

ɖihámatonåɫɇ = *ɖihámata-onåɫɇ* = Pfeilnase = Pfeilspitze.

kaikújaɫókɇɫɇ = *kaikúji-aɫókɇɫɇ* = Hundeschwanz.

ikújaɫokɇɫɇ = *ikåja-aɫokɇɫɇ* = Fischschwanz[2].

ikújahɇ́ɫiɫi = *ikåja-ahɇ́ɫiɫi* = Fischflügel = Fischflossc.

hɇnɇkáɫɇ = *hɇnɇ-ikáɫɇ* = Piranhafett.

kåɫi(d)så(x)mu = *kåɫi(d)sá-í(x)mu* = Tartarugaei.

uɇuaɫi = *uɇuɇ-áɫi* = Baumhaarc = Baumblätter (*koai-āɫi* = Miritíblätter).

butuhåɫi = *bútuhɇ-áɫi* = Haupthaar.

Den Ausdruck *áɫi* gebrauchen die Hianákoto nur für das „Haupthaar" und davon abgeleitet für die „Blätter des Baumes". Das übrige Körperhaar beim Menschen, das Fellhaar des Tieres und die Federn des Vogels werden mit dem Wort *hóɫɇ* bezeichnet, das sich in mehreren Zusammensetzungen findet:

m-óɫɇ = Schamhaar.

yɇmɇyakutútuɫi-hóɫɇ = Augenbrauen. *yɇjí-hóɫɇ* = Augenwimpern.

---

[1] Vagina und Eingang (zum Haus) wurden mir einfach *otáɫi* = Loch genannt. Doch können sicherlich auch hier zur näheren Charakterisierung die bestimmenden Ausdrücke hinzutreten: *uɇtíji-otáɫi*, *mēnɇ-otáɫi*, *yɇ́taɫi* = mein, sein Mund ist wohl entstanden aus *yi-otáɫi*.

[2] Interessant ist das Verhalten von *aɫókɇɫɇ*, das bald „Schwanz", bald Membrum virile bedeuten kann, wie wir aus den obigen Beispielen sehen. Ähnlich ist es in den anderen Karaiben-sprachen; vgl. die Wörterliste.

yitají-hōtẹ = Bart.

yẹyátati-hōtẹ = Achselhaar (*yẹhiyátatẹ* = Achselhöhle).

yẹjikatúhutu-hōtẹ = Haare an den Beinen (*yẹjikatúhutu* = Schienbein).

tóto-hotẹ = Federn des Papagei *(tóto)*.

Auch die Bezeichnung des Stoffes, aus dem etwas hergestellt ist, wird dem zu bestimmenden Ausdruck vorangesetzt, wodurch eine Art Genitivverhältnis ausgedrückt wird:

koái-atatẹ = Hängematte aus Mirití(fasern).

amánatatẹ = *amána-atatẹ* = Hängematte aus Tucum(fasern).

máutukahẹhẹ-atatẹ = Hängematte aus Baumwollestoff.

andji-uókẹ = Mais-Kaschiri.

In einem solchen Genitivverhältnis stehen auch die Substantiva, die mit *-kahẹ, -kahẹhẹ* zusammengesetzt sind, wobei diese Endung eine Decke oder einen Behälter bezeichnet: *hákatáti-káhẹhẹ* = *hákata-áti-kahẹhẹ*, kann sowohl eine Matte aus *hákata*-Blättern (zum Zudecken der Gefäße), als auch einen Kasten aus *hákata*-Blattstreifen (zum Aufbewahren des Federschmucks) bedeuten.

koái-āti-káhẹhẹ = Matte aus Mirití-Blättern.

máutu-káhẹhẹ = Kleidung aus Baumwolle.

hóno iyeti-kahẹ = Binden aus Bast (die um den starren Bastgürtel gelegt werden).

nóno ahti-kahẹ = Grab[1].

Einen „Behälter für etwas" bezeichnet ferner die Endung *-yēnẹ:*

uëi-(d)yēnẹ = Behälter für Mandiokamasse *(uëi)*.

kutáti-yēné = Töpfchen für Pfeilgift *(kutáti)*.

tamẹmẹ-(d)yēnẹ = Topfschale (als Eßgeschirr).

Als Genitivverhältnis müssen wir endlich die Zusammensetzungen mit *-kutu* = Saft, Flüssigkeit ansehen:

yetá-kutu = Mundsaft = Speichel.

yená-kutu = Augensaft = Träne. *bisá-kutu* = Gehirn.

yeteisú-kutu = Galle. *yetamú-kutu* = Schweiß.

uẹuẹ-hú-kutu = Baumsaft. *dohatẹ-kutu* = Getränk aus der Knolle *dohátẹ*.

In den anderen Karaibensprachen finden sich *cur, coure, ecur, ecuru, ekuro, kuru, coulou* alleinstehend oder in Zusammensetzungen für „Körperflüssigkeiten, Saft, Milch einer Pflanze, Getränke":

Cum.: *eta-cur* = Speichel. *ch-ena-cur* = Träne. *chirere chu-curu* = Galle. *ecur* = Saft des Baumes.

Tam.: *it-écuru* = Saft des Baumes. *y-attacuru* = Speichel.

Chaym.: *y-etaz-cur* = Speichel. *chu-cur* = Urin. *u-yaramo-cur* = Schweiß.

Inselkar: *i-chi-coulou* = mein Urin. *teoù-coulou* = Likör. *hu-iramu-coulou* = Schweiß.

Rouc. 2: *i-éta-coure* = Speichel. *coutouli-écoure* = cachiri de tapioca. *parourou-écoure* = cachiri de bananes etc.

Up.: *napi-ekurë* = Mus aus süßen Kartoffeln. *palulu-ekurë* = Mus aus Bananen.

Ap. 2: *imauré-écourou* = cachiri de tapioca. *achinacé-écourou* = cachiri de maïs etc.

Bak.: *ekûro* = Saft des Fleisches, des Baumes. *kxareno-kúru* = Galle. *kxu-yúru* = Samen.

---

[1] *nóno* = Erdboden. *ahi* ist Verbalstamm: „sterben".

Für die Nachstellung der Genitivform erhielt ich nur zwei Beispiele:

bëtë-akẹmihẹ = Gattin des jüngeren Bruders == Schwägerin.

híhi-hẹtẹ == älterer Bruder der Gattin = Schwager.

Doch beweist dies nichts gegenüber der Fülle der anderen Beispiele und ist wohl nur auf einen Irrtum meines Gewährsmannes bei der ihm ungewohnten Arbeit der Sprachaufnahme zurückzuführen, zumal bei anderen Verwandtschaftsgraden die Genitivform vorangestellt wird:

y-auóti múgutu = Sohn meines Oheims == mein Vetter.

y-auóti ẹjitẹ == Tochter meines Oheims = meine Kusine.

Das Akkusativ-Objekt wird gewöhnlich an die Spitze des einfachen Satzes gestellt:

hátai isákakẹ = fegen den Hausplatz.

ikúja isáxkata == er hat Fische gefangen.　*uómi ẹtákẹ* = höre das Wort!

túhuhi tamẹti == Baststoff nähen.　*tåmẹ nẹtẹti* == Tabak trinken (rauchen).

iuá(d)sa ahíhikẹ = schleife das Messer!　*uókẹ nẹtẹti* == ein Getränk trinken.

máutukahẹhẹ i(d)su(d)súxkakẹ == wasche die Kleider!

atátẹ kané(x)tẹkẹ == fertige eine Hängematte!　*uẹuẹ ẹtátẹkẹ* = hole Brennholz herbei!

mahóto iẹtẹtẹkẹ = zünde Feuer an!　*ûmẹ mẹku hënẹ* == (sie) töten viele Affen!

håtu ẹkatámakẹ (d)yi(d)ya = gib mir Bananen!　*tûna (d)sẹuaị* = ich will Wasser haben.

tûna katámauanaị (d)yi(d)ya = er gibt mir kein Wasser.

tẹnyitẹkẹ majíhuti nẹhënẹhẹ dotóto = einen Tapir hat der Doktor getötet.

ikúja ẹhótiuanaị katihóna == die Leute haben keine Fische gefangen.

ûmẹ katihóna hënẹhẹ ẹtákudxa = die Kolombianer haben viele Leute getötet.

Manche Begriffe, die wir mit einem Substantiv bezeichnen, werden im Hianákoto durch einen beschreibenden Satz ausgedrückt:

nẹhátaka nûnẹ = es kommt der Mond = Neumond.

nûnẹ náhẹhẹ = der Mond stirbt == Mondfinsternis.

wẹi náhẹhẹ = die Sonne stirbt = Sonnenfinsternis.

Tritt ein Adjektiv oder Zahlwort als nähere Bestimmung zu einem Substantiv, so wird es diesem vorangestellt:

kûtẹnaị wẹi = schöne Sonne = Trockenzeit.

móno hẹhẹji = großer Wind = Gewittersturm.

mónomẹ nûnẹ = großer Mond = Vollmond.

móno iuása = großes Waldmesser.

kutakẹno uómiti = schlechte Sprache.

ûmẹ mẹku = viele Affen.　*ûmẹ katihóna* == viele Leute.

tẹnyitẹkẹ majíhuti = einen Tapir.

tẹnyitẹkẹ hiyáji = einen Zauberarzt.

Als einzige Ausnahme findet sich:

katíua móno = große Trinkkalebasse.

Postpositionen:

-*tauę* = **in** c. dat.

mĕnę̧-tauę t-óni(d)sę = im Hause schläft er.

mĕnę̧-tauę kaɬihóna d́(x)kęnaį = in dem Hause sind keine Leute.

Cum.: *pata-tau, pata-dau* = in dem Hause. *cap-iau* = in dem Himmel.
'Chaym.: *ch-etao* = innen. *nono-yao* = in der Erde, auf der Erde.
Tam.: *auto-yave* = in dem Hause.
Rouc. 2: *héma-tawe* = auf dem Wege. *pacara-iawe* = in dem Korb.
Ap. 2: *acema-tawe* = auf dem Wege. *pacara-iawe* = in dem Korb.
Ak.: *yuwuh-taow, yuwuh-tow, owtuh-dow* = in dem Hause.
Gal.: *hueyu-ta* = in der Sonne. *auto-ta* = in dem Hause.
Trio 2: *kanawa-ta̧* = im Kanu.
Car.: *toubo-ta* = auf einem Felsen.
Inselkar: *ema-ta* = auf dem Wege. *balana-ta* = in dem Meere.
Bak.: *y-eti-ta* = in meinem Hause.

-*tęɬę* = **in** c. dat.

mĕnę̧-(x)-tęɬę máhiɬi natę̧ma(x)kęnaį = in dem Hause sind viele Pium.

Vielleicht ist dieses -*tęɬę* auch enthalten in:

kuɬúhaɬi-ya-(x)-tëɬę yaɬánaį nę̧tuta, = vom Cuduiarý her ist der Weiße gekommen. *kuɬúhaɬi-ya-(x)-tëɬę* würde dann in wörtlicher Übersetzung
lauten: „vom Cuduiarý her *(kuɬúhaɬi-ya)* innen *(tëɬę)*"; d. h. aus dem
(inneren) Flußgebiet des Cuduiarý.

-*taka* = **in** c. acc.

itu-x-táka tę̧ëmĕ = er geht (sie gehen) in den Wald.

manękę̧há óni(d)sę mĕnę̧-taka = laßt uns schlafen gehen in das Haus.

Dieses -*taka* steckt anscheinend auch in: *ę̧mëjinę̧-x-takę* = rückwärts.

Cum.: *iglesia-taca* = in die, der Kirche. *y-rato-daca* = auf die andere Seite.
   capiaca = in den Himmel. *yucha-ca* = in den Wald, in dem Walde.
Chaym.: *cap-iaca* = in den Himmel. *pata-ca* = in das Haus, in dem Hause.
Tam.: *uapto-yaca* = in das Feuer. *auto-yaca* = in das Haus.
Car.: *cabo-taga* = in den Himmel. *watu-taga* = in das Feuer.
Gal.: *auto-taca* = in dem Hause.

Im Cumanagoto, Chayma und Galibi entspricht also diese Postposition sowohl „in
c. dat.", als auch „in c. acc.".

-*kakę* = **in** c. acc.

yę̧-mĕnyaę̧ɬęhę tuná-(x)-kakę = ich tauche in den Fluß.

Cum.: *tuna-quaca* = in das, dem Wasser.
Tam.: *tuna-guaca* = in das Wasser.
Rouc. 2: *cuayari-quac* = in dem, den Cuayari.

Auch bei dieser Postposition scheinen beide Konstruktionen möglich
zu sein.

-*taę* = **in** c. acc.

tŭna-taę nôdx̧a tĕmę = die Weiber gehen in den Fluß.

Diese Postposition ist wohl nur eine reduzierte Form von -*taka*.

Ak.: *owtuh-dah* = in das Haus. *ai-yuwuh-tah* = in dein Haus.

-ya = zu, nach.

manękoné makáya-ya = laßt uns fahren zum Macaya.

Ak.: *u-pánna-ya* = in meinen Ohren. *azanda-ah* = auf dem Wege.

Hierher gehört auch *yí-ya [(d)yí-(d)ya]* = mir; z. B.:

háłu ękałámakę (d)yí-(d)ya = gib mir Bananen!

túna kałáma-uanaį (d)yí-(d)ya = er gibt mir kein Wasser.

ę-kałámakę (d)yí-(d)ya = gib es mir!

yí-ya ist das Pronomen der ersten Person Singularis *yi* = ich verbunden mit der Postposition *-ya* = zu, für: „zu mir, für mich, mir".

Diesem *ya* entspricht gut im Bakairí die Postposition *-na, -ina*, die ebenfalls zu dem Substantiv und dem Pronomen treten kann und in Verbindung mit dem Begriff „geben" einen Dativ vertritt: *táxo kx-ǫn-ú-le pimá-na* = Messer gab ich dem Häuptling (wörtlich: Häuptling zum).

minakú-na itá-le = zu den Mehinakú ging er.

utóto ké-le pahiká-na = Jaguar sagte zum Ameisenbär.

ína, úina = zu mir (in Verbindung mit gehen, geben, sagen u. dgl.).

ǫ-ina, a-úna, a-ína = zu dir, zu euch.

he-ína, e-ína = zu ihm, ihr, ihnen. *kx-ína* = zu uns [1].

-yę, -ya = von her, aus[2].

nódxa nęhátaka mĕnę-n-yę = die Weiber kommen, treten aus dem Hause.

kułúhati-ya-(x)-tĕłę yałánaį nętuta = vom Cuduiarý her ist gekommen der Weiße.

Kal.: *Albina-wĩna* = von Albina. *wewe-wiṅa* = von einem Baum.

-ho, -hoę = in, auf c. dat. und acc.

uęuę-ho = auf dem Baum.

atátę-ho nódxa nónekę = in, auf der Hängematte schlafen die Weiber.

kęnóto ę(d)sę ma-hóę[3] uęuęnaį = der Arara sitzt auf dem Baum.

mĕnę-hoę kuługo nętułémęnę = auf das Haus hat sich der Urubú gesetzt.

ëhęi-ho kë(d)sę tĕłëkę = auf die Bank lege das Messer!

In den anderen Karaibensprachen findet sich diese Postposition entsprechend dem Lautwandel *(p—h)* als: *-opo, -po, -puę, -bo*, wobei in einigen Sprachen noch die Suffixe: *-u, -i, -e, -na, -re, -ro* hinzutreten können, je nachdem der Ort, „wo", „wohin" oder „woher" ausgedrückt werden soll.

Cum.: *caraca-po-u* = in Caracas. *parahua-po-na* = in, auf das Meer. *caraca-po-i* = von Caracas.

Chaym.: *u-y-opo* = in mir. *caraca-po* = in Caracas. *caraca-po-na* = nach Caracas. *caraca-pue-i* = von Caracas.

Tam.: *pau-po* = auf der Insel. *pau-po-na* = nach der Insel.

Ak.: *itoe-bo* = in der Wüste. *itoe-bo-na* = in die Wüste. *mora-po-e* = von dort.

Gal.: *ceperou-bo* = nach Cépéru. *oubaou-bo-na* = nach den Inseln.

Rouc. 2: *canaoua-po* = in dem Boot. *uéué-po* = auf dem Baum. *atoupi-po-na* = nach Atupi. *parou-po* = vom Paru. *cottica-po* = von Cottica.

Up.: *Páru-po* = am Paru. *Yari-po* = am Yari.

---

[1] K. v. d. Steinen: Die Bakairí-Sprache. S. 335, 342.

[2] Vgl. weiter unten die Beispiele zur Postposition *-gai* = neben, hinter.

[3] *ma-* weiß ich nicht zu erklären.

Mak.: *pote-po-na* = am Ende. *se-po-ro* = hierher.

Ip.: *i-pote-po* = am Ende. *nono-bo-na* = auf, über der Erde. *sere-po-ro* = hierher.

Krisch.: *i-pote-po* = am Ende. *merere-po-ro* = hierher.

Bak.: *paru-óhe* – an dem Fluß (lagern), in dem, durch den Fluß (schwimmen). *ronur-óhe* = am Ronuro. *pozi-óhe* = in dem, durch den Kamp (gehen). *t-iwime-ŏ-na* = (binden Perlen) auf ihren Hals. *túxu-ó-na* = auf den Felsen (klettern).

Mit der Postposition *-ho* hängt im Hianákoto offenbar eng zusammen das Suffix *-ího*. In Verbindung mit einem Substantiv bezeichnet es einen „Behälter" für den Begriff, den sein Substantiv ausdrückt.

tātxátiti = Blasrohrpfeile. *tādxátitīho* = Köcher für Blasrohrpfeile.

bę́tę = Bein; *i-hę́tę* = sein Bein. *ihętęího* = Beinfutteral = Hose.

-ęhinę = **unter** c. dat. und c. acc.

mënę-ęhínę = unter dem Haus.

ëhę́i-ęhinę kë(d)sę tëtëkę = unter die Bank lege das Messer.

atátę-nę y-atúyanę mahóto == unter der Hängematte brennt das Feuer.

Die Partikel *-nę* in *atátę-nę* ist wahrscheinlich nur die reduzierte Postposition *-ęhinę*.

Rouc. 2: *yara-opiné* = sous le boucan. *pacara-opiné* = sous la malle.

Ap. 2: *pacara-opiné-nacé* = sous la malle.

Gal.: *nóuno-oubino* = au-dessous de la lune.

Car.: *upinyu* = unter.

Cum.: *ypnahue* = debaxo.

-gai = **neben, hinter** = **außerhalb.**

ëhę́i-gai kë(d)sę tëtëkę = neben die Bank lege das Messer.

mënę-gai = hinter dem Haus.

Im Cumanagoto, Chayma und Akawai tritt uns diese Postposition als *-etay, -day, -tay, -iay, -yay, -dahbai, -yahbai, -bai* entgegen.

Cum.: *ch-etay* = von innen heraus. *auto-day* = von einer anderen Seite. *iglesia-tay* = außerhalb der Kirche. *cap-iay* = vom Himmel, von oben.

Chaym.: *apoto-yay* = außerhalb des Feuers. *ku-puncon-yai* = aus unseren Leibern.

Ak.: *owtuh-dahbai* = außerhalb des Hauses. *eyno-yahbai* = außerhalb des Auges. *i-ndah-bai* = außerhalb seines Mundes.

māt̜ę = **mit** (in Begleitung).

móętętę-mát̜ę u-ę́tai̯ = mit meinem Gefährten gehe ich.

henę(x)tónoko-mát̜ę y-ę-henę́(x)yai̯ = mit den Feinden kämpfe ich.

yat̜ánai̯ ęt̜ę́mi kŭ(d)yanę kat̜ihóna-mát̜ę = der Weiße tanzt mit den Leuten.

bëtë-mát̜ę-nai̯ = mit der Gattin!

Gal.: *bibi-máró* = mit seiner Mutter.

Gal. (S.): *kaama mar-ou*[1] = veux-tu venir avec moi?

Kal.: *Johannes-mal̜a* = mit Johannes.

Inselkar.: *ni-mále* = mit mir. *nó-mari* = derjenige, mit dem ich bin.

Yauap.: *kariuá-aua-mari* = mit meinem Freunde (Fremden).

Car.: *u-maro* = mit mir. *o-maro* = mit dir. *i-maro* = mit ihm.

---

[1] Diese Voranstellung des *mar(o)* ist sicherlich nicht ursprünglich, wie aus der älteren Aufnahme des Galibi hervorgeht.

Rouc. 2: *toutèye you peïto-malé* = ich werde gehen mit meinem Diener. *caa téhé iya saoutou-malé* = ich esse den Fisch mit Salz.

Ap. 2: *étaké-marou nacé* = gehe mit ihm! *ouraío-malo* = mit dem Messer. *calayoua-malé tongacé* = mit den Brasilianern [1].

Von der Postposition *-aker, (aquer), -akere, -akurra, -aγe*, die im Chayma, Cumana-goto, Tamanaco, Ouayana, Akawai und Bakairí das begleitende „mit" ausdrückt, finde ich im Inselkaraibisch, Galibi und Hianákoto keine Spur:

Chaym.: *u-y-aquer* = mit mir. *i-y-aquer* = mit dir. *ch-aquer, t-aquer* = mit ihm.
Cum.: *y-aker* = mit mir. *a-y-aker* = mit dir. *ch-aker* = mit ihm. *t-aker* = mit sich.
Tam.: *y-akere (j-achère)* = mit mir. *k-akere* = mit uns beiden.
Rouc. 2: *y-akéré* = mit mir. *i-acone-akéré* = mit meinem Bruder.
Ak.: *y-akurra* = mit ihm.
Bak.: *utóto-áγe* = mit dem Jaguar. *i-áγe* = mit mir. *a-áγe* = mit dir.

-kẹ = mit (mittels).

inẹ́ku-kẹ ikúja t-ë(d)sẹ manẹ́kònẹ = mit Timbó laßt uns Fische fangen.
iuá(d)sa-kẹ y-ẹ-hákẹtẹ = mit meinem Messer schneide ich.

Chaym.: *plata-ke* = mit Geld. *maria-ke* = mit einem Messer. *eti-ke* = mit was?
Cum.: *equich-ke* = mit einem Stock. *a-d-emiar-ke* = mit deiner Hand.
Tam.: *yeye-ke* = mit einem Stock.
Gal.: *bleoua-ke* = mit einem Pfeil. *boutou-ke* = mit einer Keule.
Kal.: *malia-ke* = mit einem Messer.
Rouc. 2: *maria-ké* = mit einem Messer. *sapa-ké* = mit einem Säbel.
Up.: *matáki-ke* = mit Mataki (Farbe).
Ap. 2: *salisali-ké* = mit einer giftigen Liane. *capouita-ké* = mit einem Ruder.
Ak.: *t-enzarri-ge* = mit seiner Hand. *a-maimo-ge* = mit deinem Wort.
Bak.: *atö-γe* = mit der Angel (fischen). *püleú-γe* = mit Pfeilen (Fische schießen). *tokxá-γe* = mit Bogen (schießen).

Wahrscheinlich besteht ein enger Zusammenhang zwischen den Postpositionen *-akere, -a,e* und *-ke, -ge, -γe*, zumal im Bakairí *-aγe* noch in beiden Bedeutungen (komitativ und instrumental) gebraucht werden kann; z. B.: *kxaraib-áγe* = mit dem Fremden. *u-lu-áγe* = mit meiner Zunge (schmecken) [2]. Vielleicht ist *-ake-re* die Postposition *-ake* mit dem Suffix *-re (-ri)*, das sich auch beim Substantiv findet.

Suffix -imẹ.

Das Suffix *-imẹ* wird mit Substantiven verbunden, um die „Größe" hervorzuheben. Es ist aus einem Adjektiv entstanden, das sich noch als *ima, imáe* = groß im Bakairi findet. Einen Rest dieses selbständigen Adjektivs bietet das Hianákoto in dem Zahlwort *ǔmẹ* = viel, alles. Das Suffix ist teils ständig verbunden mit dem Substantiv und bezeichnet dann bei den Tiernamen die größere Art einer Tiergattung, die allgemein mit dem suffixlosen Substantiv benannt wird, teils kann es willkürlich zu dem Nomen gesetzt werden, um überhaupt das betreffende Tier oder den betreffenden Gegenstand als „groß" zu charakterisieren.

uakút-imẹ = Strebepfosten des Hauses.
dxǎhi = Wassertopf. *dxuh-ímẹ* = großer Kaschirítopf.

---

[1] Die instrumentale Verwendung dieser Postposition scheint sich auf Roucouyenne-Ouayana und Apalai zu beschränken.

[2] Zu allen diesen Postpositionen vgl.: L. Adam: Grammaire Comparée, pp. 13—17, 33 und die betreffenden Grammatiken und Wörterlisten.

kaṭiuá = Yamarú (Kalebasse). *kaṭiua-imẹ* == mittelgroße Kalebasse.

kanáua = Kanú. *kanaua-ímẹ* = größeres Boot.

notihé-imẹ = große Tanzflöte. *uẹtú-imẹ* = Signaltute.

mẹ̃ku, mẹ̃kú-imẹ = Affe. *aṭim-imẹ* == Barrigudo-Affe (im Rouc. 1, Ap. 2, Trio die einfache Form: *alimi* = Coatá-Affe).

ṭẹṭẹ̣ == gewöhnliche Fledermaus. *ṭẹṭẹ́-imẹ* = Vampir.

uóto, uotó-imẹ == Taiasú-Schwein.

ẹ̈tẹkẹ̈ == Gürteltier. *ẹ̈tẹkẹ̈-imẹ* = größeres Gürteltier.

isó-imẹ = Delfin. *ṭóṭo* = Papagei. *ṭoṭó-imẹ* = größerer Papagei.

okó-imẹ == Mutum (Gal. u. a. Karaibensprachen Guayanas: *oko*).

híana =- Harpya. *hianá-imẹ* == Fischfalke (*hianá-imẹ* bezeichnet wohl a u c h die Harpya).

kuṭuké-imẹ == Yaburú.

uaṭá == weißer Reiher. *uaṭá-ima* = Tuyuyú.

dχōhó == Ente. *dχohó-imẹ* = Mareca-Ente.

uẹtú-imẹ == Uainambé. *má-imẹ* = Pirahiba.

kẹnoṭó-imẹ = Pirarara. *ka(d)žiuẹ* == Jandiá-Fisch.

ka(d)žiuẹ́-imẹ = Piraputã. *ẹṭẹ́dž-imẹ* == Pirapucú.

aṭiuẹ́ = Alligator; *aṭiuẹ́-imẹ* —- großer Alligator.

mẹnú-imẹ = Surucucú. *ẹkẹ́i* = Jararaca; *ẹkẹ́-imẹ* = Sucuryú. *tẹmẹ́kẹ-mẹ* == großer Schmetterling.

kunẹ́hẹhẹ == Tausendfuß; *kunẹhẹhẹ́-imẹ* =- großer Tausendfuß.

kūmú == Patauápalme; *kumǔ-imẹ* = Patauá mit großen Früchten.

hẹ̈tẹ̈ua-ímẹ == Paxiuba barrigudo.

mónomẹnai = groß, ist zu zerlegen in: *mǒno* = groß[1], *imẹ* = Suffix der Größe, *nai* = Verstärkungssuffix; ebenso: *mẹnótomẹnai* = schwanger, das ich neben der einfachen Form *menóto* erhielt, in: *mẹnóto* = schwanger, *imẹ* = Suffix der Größe, *nai* == Verstärkungssuffix.

Das C a r i j o n a hat: *arim-imé* = Coatá-Affe. *koulouke-ima* = Yaburú (oie, grande espèce). *monomé* = *mono-imé* = groß.

Zahlreiche Entsprechungen finden sich in den Karaibensprachen Guayanas:

R o u c o u y e n n e 1: Suffix -*imé*.
 alich-imé = großer Ameisenbär.

A p a l a i 1: Suffix -*imo*.
 alich-imo = großer Ameisenbär.

O u a y a n a (R o u c. 2): Suffix -*imé*, -*émé*, -*imeu*- -*meu*.
 aoual-imeu = Coatá-Affe. *alich-imé* = großer Ameisenbär. *mara-émé* = Gürteltier. *acara-imeu* = weißer Reiher. *macara-émé* = Reiher. *tocara-imeu* = ortolan. *caoué-imeu* = spatule. *éecteu, érécteu-imé* = gros poisson qui a peu d'arêtes. *coué-imé* = Krabbe. *counoro-imé* = gros souroubi rougeâtre (Pirarára). *eukeuyeue-imeu, ocoyou-meu* = boa. *ariué, ariué-imeu* = Alligator. *tourich-imeu* = calapari (Baum). *acoutou-h-imeu* = Farnkraut. *couacoua-imeu* = latanie (Gewächs).

A p a r a i (A p. 2): Suffix -*imo*, -*iman*.
 marichi-iman = großer Ameisenbär. *cour-iman* = Tukano. *courourou-imo* = Alligator.

---

[1] Die einfache Form *mǒno* findet sich noch in: *kaṭiua-mǒno* = große Kalebasse.

Galibi: Suffix *-imé, -mé.*

> *tapou-imé* = viel. Auch in: *ouapoto-mé* = Häuptling, bei Sagot ist offenbar das Suffix enthalten. Die Bedeutung von *apoto* = dick ist hier auf die „Macht" und das „Ansehen" übertragen. Damit ist zu vergleichen im Bakairi: *p-ima* = Häuptling.

Makuschi: Bei Schomburgk finden wir das Suffix *-ima, -ime* besonders in Personen- und Ortsnamen:

> *makuna-ima* = Gott. *rora-ima* = ein Berg. *pacara-ima* = ein Gebirge. *par-ima, par-ime (paru-ima)* = ein See, ein Fluß und ein Gebirge usw.

Deminutivum.

Das Wort für „Sohn": *múguʈu*, hat allmählich eine allgemeine deminutive Bedeutung bekommen. Es wird dem zu bestimmenden Ausdruck nachgestellt, woraus man noch seine ursprüngliche substantivische Eigenschaft und den genitivischen Charakter des begleitenden Wortes erkennen kann:

múguʈu = Sohn. *y-auóʈi muguʈu* = Sohn meines Oheims = mein Vetter.

yényaʈẹ múguʈu = Sohn meiner Hand = mein kleiner Finger.

buhûʈu muguʈu = Sohn des Fußes = kleine Zehe.

kaháu múguʈu = Junges des Hirsches = Hirschkalb.

kahẹ̆ʈi muguʈu = Junges des Huhns = Küchlein.

gẹʈẹ múguʈu = kleiner Mann = Jüngling.

uẹʈ̆ji múguʈu = kleine Frau = Mädchen.

uẹuẹ múguʈu = kleiner Baum = Strauch.

tẹhu múguʈu = kleiner Stein.

hakáʈa múguʈu = Palmblattkästchen.

adúxʈẹ = großer runder Tragkorb der Weiber. *adúxʈẹ múgūʈu* = rundes Hängekörbchen.

uẹ(d)sẹne = Spiegel. *uẹ(d)sẹnẹ múguʈu* = kleiner runder Spiegel.

kanauaịmẹ = großes Boot. *kanauaịmẹ múguʈu* = mittelgroßes Boot = Montaría.

Suffix *-bẹ.*

Dieses Suffix wird dem Substantiv beigefügt, um dessen Bedeutung als nicht mehr bestehend zu bezeichnen oder wenigstens einzuschränken.

tuhiʈẹ = Pflanzung; *tuhiʈẹ-bẹ* = eine Pflanzung, die keine Pflanzung mehr ist = verlassene Pflanzung; *ihẹʈẹ* = meine, seine Gattin; *ihẹʈẹ-bẹ* = meine, seine gewesene Gattin = Witwe; *ẹ̄jíʈi* = Tochter; *ẹ̄jíʈi-bẹ* = gewesene Tochter = hinterbliebene Tochter; *bútuhẹ, i-húʈuhẹ* = Kopf, sein Kopf; *i-húʈuhẹ-bẹ* = sein gewesener Kopf.

So nennen die Hianákoto die Seelen ihrer Zauberärzte. Wenn ein Zauberarzt gestorben ist, so geht nach dem Glauben dieses Stammes nur der obere Teil seines Körpers (besonders der Kopf) in das Jenseits, während der übrige Körper im Grab bleibt.

aʈímimẹ-hoti = Barrigudoaffenhaare; *aʈímimẹ-hóti-bẹ* = gewesene Barrigudoaffenhaare = Stricke aus Barrigudoaffenhaaren als Rückenschmuck beim Tanz; *i-(d)yẹ́tihẹ* = sein Knochen; *i(d)yẹʈíhẹ-bẹ* = sein (des Jaguar) gewesener Knochen = Knochen, der zum Befestigen des Rückenschmucks beim Tanz dient.

ętékẹ hítihẹ = Haut, Schild des Gürteltiers. *ętékẹ hitẹ́habẹ* = Schild des Gürteltiers, wenn es vom Körper getrennt ist.

Während sich in den übrigen Karaibensprachen nichts Ähnliches findet, haben wir als entsprechendes Suffix im B a k a i r í *-püri:*

iwíti = Gattin, *iwiti-půri* = Witwe; *iméri* = Tochter, *imeri-půri* = hinterbliebene Tochter (nach dem Tode des Vaters); *kxána* = Fisch, *kxana-půré* = Fischleiche; *tséka* = Bratrost, *tseka-půri* = Reste eines Bratrostes.

Auch mit Adverbien der Zeit und mit Verben wird dieses Suffix *-püri* verbunden, um zu bezeichnen, daß etwas nicht mehr ist, vorbei ist[1].

Suffix *-hutu, -ẹhutu.*

Tritt dieses Suffix zu einem Substantiv, so wird dadurch ein neuer Ausdruck geschaffen, der zu dem ursprünglichen Wort in naher begrifflicher Beziehung steht und einen „Halt" oder eine „Stütze" bezeichnet.

tůti = Fackel. *tůtiẹhutu* = Gerüst für Fackeln.

mánātẹ = Mandiokasieb. *mánātẹhutu* = loser Horizontalstab des Mandiokagestells, der als Stütze des Siebes dient.

můtẹ = Kind. *můtẹuẹ(x)nẹhutu* = Kindertragbinde aus Bast.

hů(d)ya = Pfeil. *hů(d)yaẹhutu* = Holz, in dem die Pfeilspitze steckt.

tabůtu = Handtrommel. *tabutẹ́hutu* = Holzgehäuse der Handtrommel (Halt für die Trommelfelle).

koái = Miritípalme. *koaitẹ́hutu* = Miritífadenknäuel.

amåna = Tucumpalme. *amánatẹ́hutu* = Tucumfadenknäuel.

Hierher gehören auch:

tamẹ́mẹhůtu = Untersatz für Töpfe und Schalen.

ẹtaíhutu = horizontale Querbalken, die das Hausdach tragen.

igátẹhutu = horizontale Dachsparren.

Offenbar steckt dieses Suffix auch in *buhůtu* = Fuß und *tẹ́hutu* = Ferse: Stütze und Halt des menschlichen Körpers. Vielleicht ist es überhaupt aus diesen Bezeichnungen entstanden und dann verallgemeinert worden.

Im Ouayána (Rouc. 2) und Aparai (Ap. 2) Henri Coudreaus finden sich als entsprechende Suffixe: *-poure, -époure* und *-pourou, -épourou.*

Ouayana: *é-pou-poure* = Fuß. *i-pté-poure, eté-poure* = Ferse. *pacolo époure* = Hauspfosten. *(maria) époure* = Messergriff.

Aparai: *o-pou-pourou* = Fuß. *é-pouirata-pourou* = Ferse. *ourat-épourou* = Griff des Messers (ourato).

Die Formen *-hutu, -ehutu, -pourẹ, -époure, -pourou, -épourou* sind selbst schon suffigiert mit der Partikel *-tu, -re, rou (-ru)*, von der weiter unten noch die Rede sein wird. Im Trio haben wir die einfache Form *-epu.*

Trio 2: *epu* = Pfosten (des Hauses). *mal'epu (= maul[u] epu)* = Spinnwirtel (für Baumwolle). *(siparali) epú* = Hammerstiel.

---

[1] K. v. d. S t e i n e n: Bakairísprache S. 346 f., 357, 395.

Onomatopoetische Ausdrücke.

Einige Tiernamen und Bezeichnungen für musikalische Instrumente sind onomatopoetisch. Unter den ersteren finden sich vortreffliche Nachahmungen, wie ich mich an Ort und Stelle überzeugen konnte.

mĩji[1] = Katze. *kudyuŧ*[2] = Cujubim. *kudyúkudyu* = kleiner Geier. *kidyẹ̄kidyẹ́* = Mariana (Papagei). *kiŧíkiŧi*[3] = Perikito. *koŧókoŧókanẹ́* = Corocoró. *kayakayaú*[3] = Cacão. *kuaikuaíyo*[3] = Trovão-uira. *kiŧíkiŧi* = Metallschellchen. *sẹ̄túsẹ̄ŧu* = Panflöte.

Auch das Verbum *yatíhẹ-ŧi* = niesen ist unter die Onomatopöien zu rechnen.

Fremdsprachliche Einflüße.

Wie fast alle Glieder der Karaibengruppe, besonders das Galibi, Roucouyenne, Apalai und andere Guayanasprachen, so zeigt auch das Hianákoto in seinen Substantiven manche Beziehungen zum **Tupi**:

	Hianákoto:	Tupi:
Fackel	*tûŧi.*	*turí.*
Messer	*kẹ́sẹ.*	*kisé.*
Tanzklapper	*māŧáka.*	*maraká.*
Curauáfasern	*kuŧauaíto.*	*kurauá.*
Carayurúfarbe	*kaŧauítu.*	*karayurú.*
Pfeilgift	*kuŧáŧi.*	*uirarí.*
Zauberarzt	*hiyáji.*	*piaye, payé.*
kleiner Ameisenbär	*uaŧíŧi.*	*uarirí.*
Maracaná-Papagei	*maŧákana.*	*marakaná.*
kleine Eule	*muŧukutútu.*	*murukuŧútu.*
Pacúfisch	*háku.*	*pakú.*
Jacundáfisch	*uakûna.*	*yakundá.*
Aracúfisch	*uaŧâku.*	*uarakú.*
Kröte	*mãuá.*	*mauá.*
Schnecke	*aŧúua.*	*uruá.*
Agutí	*akûŧi.*	*agutí.*
Uarumárohr	*uaŧûma.*	*uarumá.*
Mais	*anâji.*	*auatí.*
Mandiokabrühe	*kájiŧi.*	*kašírí.*

Ebenso finden sich im Hianákoto wie in anderen Karaibensprachen Bestandteile aus Sprachen der **Aruak**[4]:

---

[1] Große Freude machte es meinen Indianern, als ich ihnen erzählte, daß dieses Tier in meiner Sprache ebenso heiße.

[2] Wie wir unten sehen werden, ist dieser Name offenbar ein Fremdwort aus dem Aruak, aber als solches schon dem Ruf dieses Vogels nachgeahmt.

[3] Vorzügliche Onomatopöie.

[4] Aruak im weiteren Sinn: Aruakgruppe.

	Hianákoto:	Aruak:
Tanzstab aus Ambaúvaholz	*uána.*	*uána*[1].
Weißer	*yaŧánaị.*	*yaŧánaui.*
Cujubim	*kudyuŧ.*	*kudyuí.*
Mutum	*kū́jí.*	*kúji.*
Jacamí	*māmí.*	*māmí* = Inambú.
Socó-Reiher	*ṍnŏ́ŧẹ.*	*únuŧi.*

Auch das Hianákotowort für „Zunge": *y-inỵŧko*[2], das in der ganzen Karaibengruppe keine Verwandtschaft hat, ist offenbar eine aus dem Aruak korrumpierte Form mit dem karaibischen Pronominalpräfix *y-* der ersten Person Singularis und mit einem Suffix *-ko*. Es entspricht lautlich gut dem gleichbedeutenden Worte *n-inigné* bei Rochefort, das unzweifelhaft eine **Aruakform** der **Männersprache** von Guadeloupe ist[3].

Diese Übereinstimmungen zwischen den Karaibensprachen einerseits und den Tupi- und Aruaksprachen anderseits dürfen wir natürlich keineswegs als verwandtschaftliche Beziehungen ansehen. Sie sind vielmehr auf Entlehnungen zurückzuführen, die im Laufe der Zeit durch kriegerische oder friedliche Einflüsse, Weiberraub oder wechselseitige Heiraten und Handelsverkehr, von der einen auf die andere Sprache übergingen und die eigenen Wörter aus dieser verdrängten. Dieser Wechsel stammt zum Teil aus der Zeit, als das Karaibenvolk noch als Ganzes zusammensaß. Dies geht daraus hervor, daß wir im Bakairí, dessen Trennung vom Hauptstamme nach unanfechtbaren Beweisgründen lange vor Ankunft der Europäer stattfand[4], denselben fremden Bestandteilen begegnen, die wir auch in den Karaibensprachen des fernen Nordens und Nordwestens finden. Zum Beweis führe ich folgende Beispiele an:

kleiner Ameisenbär:	Hianákoto:	*uaŧŧi.*	Gal.:	*ouariri.*
„ „	Bak.:	*wariri.*	Tupi:	*uariri.*
Aguti:	Hianákoto:	*akûŧi.*	Gal.:	*acouli.*
„	Bak.:	*háki.*	Tupi:	*agutí.*
Maracaná-Papagei:	Hianákoto:	*maŧákana.*	Rouc. 2:	*maracana.*
„ „	Bak.:	*makáni.*	Tupi:	*marakaná.*

[1] Bezeichnet auch überhaupt den Ambaúva-Baum.

[2] Ein Irrtum meinerseits ist völlig ausgeschlossen, da mir das Wort gleich bei der Aufnahme als abweichend auffiel und ich es daher mehrmals abfrug, wobei ich von verschiedenen Personen bei verschiedenen Gelegenheiten dieselbe Angabe erhielt, z. B. auch von einer Frau vom Stamme der Tsahátsaha, deren Sprache mit dem Hianákoto bis auf geringe dialektische Unterschiede identisch ist.

[3] Die Aruaksprachen haben für Zunge: *inene, enene* und andere, nur wenig davon abweichende Formen.

[4] K. v. d. Steinen: 1. Durch Zentral-Brasilien. S. 299 ff. Leipzig 1886. 2. Unter den Naturvölkern Zentral-Brasiliens. S. 387 ff. Berlin 1894.

Mais:	Hianákoto: *anáji.*	Gal. (S.): *aouassi.*
„	Bak.: *anázi.*	Tupi: *auatí.*
Socó-Reiher:	Hianákoto: *õnõt̜ẹ.*	Gal.: *onouré.*
„ „	Bak.: *onoré.*	Aruak: *únuti*[1]

Für eine hölzerne Fischfigur, die einen Pacú darstellt, erhielt Max
Schmidt von den Bakairí des Kuliséhu den Namen *paku-pira*. Er meint,
dieses Wort sei „offenbar als eine einem übergroßen Entgegenkommen zu
verdankende Übersetzung des eigentlichen Bakairíwortes für diesen Fisch in
die Sprache der Tupistämme aufzufassen[2], zumal Karl von den Steinen
für den Pacú-Fisch das Bakairiwort *påte* gibt. Für andere hölzerne Fischfiguren
erhielt Schmidt nur die Bakairinamen. Wenn auch *paku-pira* = Pacú-Fisch ein
reines Tupiwort und besonders der Gattungsname *pira* verdächtig ist, so ist
es doch nicht ausgeschlossen, daß die Kuliséhu-Bakairí diesen Fisch nur mit
dem Fremdwort *paku* bezeichnen, das in mehrere Karaibensprachen des Nordens
und mit Mouillierung des *p* in *h* auch in das Hianákoto Eingang gefunden hat:
Hianákoto: *håku.* Rouc., Ap., Pian., Ouayeouè: *pacou.* Tupi: *pakú.*
Das Wort *påte,* das in den übrigen Karaibensprachen keine Entsprechungen hat, gehört offenbar dem Paranatinga-Bakairí an und ist vielleicht
selbst ein Fremdwort aus der Sprache eines benachbarten Stammes. Steinens
Hauptgewährsmann für seine „Bakairísprache" war der Paranatinga-Bakairí
Antonio. Von höchstem Interesse wäre eine genaue Aufnahme des Bakairí der
Xingúquellflüsse, die uns einen Vergleich zwischen den Sprachen beider
Gruppen, Ost- und Westbakairí, ermöglichen und die Veränderungen klar-
legen würde, die sich seit der schon geraume Zeit zurückliegenden Trennung
des Stammes in beiden Dialekten vollzogen haben. Vielleicht ist es aber dazu
schon zu spät, da durch die häufigen Expeditionen in das Xingúquellgebiet
in den letzten zwanzig Jahren Ost- und Westbakairí wieder in enge Beziehungen
zueinander getreten sind, was auf den Ausgleich der dialektischen Unterschiede
in beiden Sprachen voraussichtlich nicht ohne Einfluß geblieben ist.
Aus dem **Spanischen** hat das Hianákoto folgende Ausdrücke übernommen, die sich sämtlich auf Begriffe beziehen, die den Indianern erst durch
die Europäer gebracht worden sind:

	Hianákoto:	Spanisch:
Silber	*t̜åta.*	*plata.*
Axt	*matšådo*	*machado.*
	(neben dem echten Karaibenwort:	
	uĕuĕ; vgl. die Wörterliste).	
Gewehr	*kóhẹ̄to.*	*escopeta.*
Trommel	*tabůt̜u.*	*tambor.*

Aus diesem Wort geht deutlich hervor, daß dies Instrument eine, wenn
auch alte, europäische oder, richtiger gesagt, afrikanische Errungenschaft ist,

---

[1] Sämtliche Aruakbeispiele in diesem Abschnitt sind meinen noch nicht veröffentlichten
Wörterlisten von Aruaksprachen des oberen Rio Negro entnommen.

[2] Max Schmidt: Indianerstudien in Zentral-Brasilien. S. 417. Berlin 1905.

und so wird es auch bei anderen Stämmen Südamerikas sein, die heute die Handtrommel beim Tanz benützen[1].

| Pferd | kauá(d)yu. | caballo. |
| Kürbis | (d)sapá(d)yo. | zapallo. |

Merkwürdig ist, daß ich für „Farinha" (geröstetes Mandiocamehl) trotz wiederholter Fragen stets die aus dem spanischen *harina* abgeleitete Form *aḱna* erhielt, was darauf hinzuweisen scheint, daß diese Karaiben die „Farinha" in der Form, wie sie heute in fast allen Teilen des tropischen Südamerika zubereitet wird, vor der Ankunft der Europäer nicht kannten. Einige dieser spanischen Fremdwörter, die offenbar schon vor längerer Zeit, vielleicht schon bei dem ersten Auftreten der Europäer in diesen Gegenden, in die Hianákoto-sprache aufgenommen worden sind, wie *plata, escopeta, tambor*, haben sich ihr völlig assimiliert. So ist *p* im Anlaut vor *l* weggefallen, im Inlaut zu *h* geworden. Das aus *tambor* verderbte *tabu* ist infolge seines dumpfen Stamm-auslautes mit dem Suffix *-ḱu* versehen worden[2]. *Caballo* hat kaum eine Änderung erfahren, da dieses Wort auch im Spanischen *kawáyo* ausgesprochen wird. Die Erhaltung des inlautenden *p* in (d)sapá(d)yo zeigt an, daß die Indianer dieses Wort noch heute als Fremdwort empfinden.

Für „Weißer" haben die Hianákoto zwei Ausdrücke: *ęḱákudẋa, ęḱákuja* und *yaḱánaị*. Der erstere ist vielleicht ein echtes Hianákotowort und bezeichnet die von Westen und Nordwesten her kommenden Weißen, speziell die Kolom-bianer. Mit dem letzteren Ausdruck werden die von Osten her kommenden Weißen bezeichnet, die die Hianákoto zuerst am Rio Caiarý-Uaupés und be-sonders bei ihrem früher sehr regen Verkehr mit den Kobéua kennen und benennen lernten. Die Kobéua sind der einzige Stamm der Betoyagruppe, der die Weißen *yaḱánaui* nennt, haben aber dieses Wort unzweifelhaft erst von den Aruak übernommen, mit denen sie vielfach in friedliche und kriegerische Berührung kamen, denn sämtliche Aruakstämme des oberen Rio Negro und seiner Nebenflüsse stimmen in dieser Bezeichnung überein. Auch im Maquiri-taré begegnen wir diesem Aruak-Fremdwort.

Der Ausdruck *ęḱákudẋa* ist als *rakúdya, rakúja* in die Sprache der Uitóto, der südlichen Nachbarn der Karaibenstämme des oberen Yapurá, übergegangen, die mit der Karaibengruppe, zu der man sie bisher rechnete, nach meinen Forschungen nicht das geringste zu tun hat[3].

Pronomina.

Personalpronomina:

Sing. I. *ęuë* = ich.

II. *ęmëḱë* = du.

(III. *akóḱono* = ein anderer.)

---

[1] Im Kobéua (Betoya-Gruppe) heißt die Handtrommel: *ḱemắḱibë*.

[2] Siehe weiter unten unter „Pronomina".

[3] Vgl. Theodor Koch-Grünberg: 1. Die Indianerstämme am oberen Rio Negro und Yapurá und ihre sprachliche Zugehörigkeit; in: Zeitschrift für Ethnologie. 1906. S. 167ff. (188—190). 2. Les Indiens Ouitotos. Étude linguistique. Journal de la Société des Américanistes de Paris. Nouvelle série, Tome III, Numéro 2, p. 157—189. Paris 1906.

Plur.   I.   *kȩ́mȅtȅ* = wir.

      II.   *aniãmotȍ* = ihr.

    (III.   *akótono katihóna* = andere Leute.)

Possessivpronomina:

Das Possessivum kann entweder analytisch ausgedrückt werden, indem das Personalpronomen vor das Substantiv gesetzt wird, oder synthetisch durch Pronominalpräfixe. Im ersteren Fall steht das Personalpronomen in einer Art Genitivverhältnis zu seinem Substantiv. Als sichere Beispiele erhielt ich:

ȩuȅ uȅtáhati = mein Bogen. *ȩ̀mȅtȅ uȅtáhati* = dein Bogen.

kȩ́mȅtȅ mȇnȩ = unser Haus. *nȅtȩ mȇnȩ* = ihr Haus.

Daraus läßt sich schließen, daß *nȅtȩ* das eigentliche Pronomen der dritten Person (Singularis und Pluralis) ist, das mir beim Abfragen durch *akótono* = ein anderer, wiedergegeben wurde. Darauf deutet auch das Präfix *nȩ-*, *nȩ-* der dritten Person beim Verbum hin, wie wir weiter unten sehen werden. Auch die Pronomina haben keine Kasusunterschiede. Diese werden wie beim Substantiv durch die Stellung zum Nomen und durch Postpositionen ausgedrückt.

Als Pronominalpräfixe gehen aus unserem Vokabular hervor: *i-*, *y-* für die erste und dritte Person.

Die meisten Wörter für menschliche Körperteile sind mit dem Präfix der ersten Person versehen, da ich bei der Aufnahme auf die Körperteile meines Gewährsmannes deutete. So heißen:

y-inyíko = meine Zunge. *y-ȩ́tati* = mein Mund.

y-ȩ́ti = mein Zahn. *y-onáti* = meine Nase. *y-ȩnútu* = mein Auge.

y-ahȩ́ti = mein Arm. *y-ȩ́nyatȩ* = meine Hand.

y-atókȩtȩ = mein Penis. *y-ātȩ́kȩtȩ* = mein Gesäß etc.

Das Präfix der dritten Person ist zweifellos in folgenden Ausdrücken enthalten:

i-uȩ́tȩtu = ihr membrum (Frau).

i-hutuȩ̀hȩ = sein Schädel. *i-hisákutu* = sein Gehirn (Jagdtier).

i-hánātȩ = sein Geweih (Hirsch), ihr Horn (Kuh).

í-(x)mu = sein Ei (Vogel). *i-hohȩ́tati* = seine Kiemenklappen (Fisch).

i-hitihȩ = seine Haut, Schuppen (Fisch). *í-mōtȩ* = seine Flosse.

i-uȅtsȩ̄tȩ = sein fleischiger Höcker (Tucunaréfisch)[1].

In Verbindung mit den Pronominalpräfixen treten häufig die Suffixe *-ti*, *-tȩ*, *-tu* an den Wortstamm, besonders bei den Wörtern für Körperteile, vereinzelter bei den Bezeichnungen der Besitzgeräte und den Verwandtschaftsnamen. Ursprünglich hatten diese Suffixe wohl eine persönliche und davon abgeleitet eine besitzanzeigende Bedeutung und waren untrennbar mit den Pronominalpräfixen verbunden. Heute sind sie im Schwinden begriffen und haben ihre ursprüngliche Bedeutung verloren. Sie können ohne Präfixe auf-

---

[1] Weiteres über die Pronominalpräfixe siehe beim Verbum.

treten und fehlen bisweilen an präfigierten Wörtern. Ähnlich ist es in den übrigen modernen Karaibensprachen, z. B. im B a k a i r í, wo neben -ri das reduzierte ƫ vorkommt oder auch das Suffix ganz fehlen kaǹn, ebenso im R o u c o u y e n n e - O u a y a n a und im A p a l a i, wo die Suffixe -re, -ri bald mit, bald ohne Präfixe stehen, bald wegbleiben können. Am besten zeigt noch das C h a y m a die enge Beziehung zwischen Präfix und Suffix (-r). Die ursprüngliche possessive Bedeutung des Suffixes zeigt das T a m a n a c o, wo durch das Suffix a l l e i n die erste Person Singularis des Possessivums ausgedrückt werden kann:

yeye = Baum. *yeye-ri* = mein Baum. *maria* = Messer; *maria-ri* = mein Messer.

Daneben aber:

aute = Haus; *y-eut-i* = mein Haus.

apocciane = Keule; *y-apocciana-ri* = meine Keule.

Von dem Auslaut des Wortstammes hängt es ab, ob das Suffix auf den hellen Vokal *i* (*ę*) oder den dumpfen Vokal *u* ausgeht. Den Stammauslauten *o, a, e* (*ĕ, ę, ȩ*), *i* folgt das Suffix *-ƫi* (*-ƫę*); dem Stammauslaut *u* folgt das Suffix *-ƫu*[1]:

ȩƫemóƫo-ƫi = Herz. *y-ȩ́nya-ƫę* (*d*)*saxmáno-ƫi* = mein Zeigefinger. *auó-ƫi* = Oheim.

y-ȩ́ta-ƫi = mein Mund. *y-oná-ƫi* = meine Nase. *bá-ƫi* = Enkel.

mĕnȩ̄ƫohĕ-ƫi = Hausausgang. *gĕ-ƫę* = Mann.

y-ahȩ́-ƫi = mein Arm. *manátę-ƫi* = Weiberbrust. *y-aƫókę-ƫę* = mein Penis.

y-ȩ́-ƫi = mein Zahn. *y-amóƫȩ̄-ƫi* = mein Schatten.

hámī-ƫi = Fischnetz. *y-amosái-ƫi* = mein Fingernagel.

y-ȩnú̆-ƫu = mein Auge. *gumú̆-ƫu* = Geschwür. *yanú̆-ƫu* = Bach.

Reflexivpronomen:

Das Hianákoto hat ein Pronominalpräfix, das sich auf das Subjekt zurückbezieht, *tę-, t-*:

t-ȩ̄nú̆ = sein Auge (in dem „Adjektiv": *t-ȩnú̆-kę-dai̯kę* = blind)[2].

tę-hána = sein Ohr (in dem „Adjektiv": *tę-hána-kę-dai̯kę* = taub)[2].

Dieses reflexive Pronomen steckt offenbar auch in folgenden Ausdrücken:

tę-nȩ́m-akę-nḝ́ji = lahm.

tę-nȩ́m-a(*x*)*kę* = feig. *tę-nȩ́mę-nai̯* = tapfer.

tȩ́-uáƫ-a(*x*)*kę-nai̯* = dumm. *tę-tunuxtéyę-mę* = sich erheben.

tę-uáƫ-ȩ̄ji̯kę = denken. *tę-hókęnę* = riechen.

In anderen Karaibensprachen findet sich dieses Reflexivum als *tu-, te-, ti-, t-*, mit oder ohne Suffix:

C h a y m a: *tu-machi-r* = seine Sünde.

C u m.: *ti-maimu-r* = sein Wort, seine Rede.

---

[1] Es darf nicht wundernehmen, daß *o* unter den Stammauslauten ist, auf die ein Suffix mit hellem Vokal folgt. Es ist ein sehr offenes, gutturales *o*, das nur wenig anders hervorgebracht wird als ein *a* und sich mit folgendem *i* (*e*) lautlich weit besser verträgt als mit *u*.

[2] Siehe am Schluß dieser Studie unter „Negation", wo diese beiden Ausdrücke genau erklärt werden.

Bak.: *t-ömá-ri* = ihre (der Frauen) Hände. *t-ehíku* = sein Urin. *t-imé-ri* = sein Sohn. *t-iwíti* = seine Gattin. *tu-núιu* = ihre Großmutter.

Ak.: *ti-ndah* = sein Mund.
Car.: *tù-paitu-ri* = sein Diener.
Rouc. 2: *te-puit* = seine Frau.
Krisch.: *te-puti* = seine Frau.
Mak.: *te-nobe* = seine Gattin [1].

Demonstrativpronomina:

mёht = dieser, wird gebraucht, wenn man von einer anderen Person (oder Sache?) spricht, die nahe oder fern sein kann. Dieser Begriff der räumlichen Entfernung vom Sprechenden wird offenbar durch die Silbe *mё-* ausgedrückt, der wir auch in folgenden Ausdrücken begegnen: *mёhã* = fern. *mёhắgẹ* = nahe. *mёhắgẹtẹ* = dort. *mûnẹnaị* (= *mёnenaị*) = dorthin. *ẹ́-mё-ṫe* = du. *kẹ́-mё-ṫe* = wir (d. h. ich mit dem, den anderen). In den übrigen Karaibensprachen finden wir diese Silbe in den betreffenden Ausdrücken als: *ma, mạ, mo, mu, me* [2].

ẹ́nẹ = dieser da, dies da, wird von einer gegenwärtigen Person oder Sache gebraucht, auf die der Sprechende hinweist. Ich hörte diesen Ausdruck fast stets, wenn mir die Indianer Tiere, Pflanzen oder Gebrauchsgeräte in ihrer Sprache bezeichneten.

Interrogativpronomina:

ёtẹsẹ = wie? z. B.: *ёtẹsẹ-má-naị* = wie heißt du?

Carij.: *otisé*. z. B.: *otisé été moké* = wie heißt das? *etéke-naι* = was ist das?
Gal.: *oteté, ёteté*.
Rouc. 2: *étihé, éti* = qui? quel? quoi?

Mit diesem Interrogativpronomen hängen eng zusammen die Ausdrücke für „Namen, nennen" in den verschiedenen Sprachen:

Chaym.: *echet, echett*.
Cum.: *echet*.
Tam.: *ɐdget*.
Inselkar.: *i-éti* = mein Name. *eyéti* = dein Name.
Gal.: *été*. Gal. (S): *éété* = nennen.
Kal.: *éti*.
Rouc. 1: *ehed*. Car.: *eytu*.
Up.: *ehet*.

ẹ(x)tátẹ = wie viel? z. B.: *ẹ(x)tátẹ ikû̃ja (d)sắ(x)ka* = wie viele Fische hast du gefangen?

Gal.: *ottoro*. Chaym.: *otura*. Cum.: *otua-com* (*-com* = Pluralendung).
Bak.: *ɡtúra, adúra, odúra* = warum? wann? wie? wie viel?

---

[1] Vgl. L. Adam: Grammaire Comparée. pp. 34, 37. K. v. d. Steinen: Die Bakairisprache. S. 330 ff.
[2] Vgl. die Entsprechungen zu unserer Wörterliste.

Verbum.

Tempora.

Nur mit allem Vorbehalt lassen sich aus den Adjektiven, Verben und Sätzen einige Verbalformen der Gegenwart und Vergangenheit herausschälen.

Als Pronominalpräfixe der ersten Person Singularis kommen vor: *u-*[1], *y-*; als Pronominalpräfixe der dritten Person Singularis und Pluralis: *ne̜-, ne̜-, ni-, n-*[2]. Alle diese Pronominalpräfixe können auch wegbleiben[3].

Einige Formen mit den Endungen *-i, -yai* können nach den entsprechenden Beispielen aus anderen Sprachen der Gegenwart oder der Vergangenheit angehören:

u-e̜ta-i = ich gehe, oder: ich bin gegangen.

u-e̜ka-i = ich kacke, oder: ich habe gekackt.

y-atuna-i = ich zittere, oder: ich habe gezittert.

y-e̜-he̜né(x)-yai = ich kämpfe, oder: ich habe gekämpft[4].

Vom Akawai sagt Lucien Adam: «Il y a dans ce dialecte un temps en *-i, -ia-i* qui s'emploie indifférement pour le passé, le présent et le futur. Ex.: *yura s-eygama-i* = je le dis. *s-enno-ia-i* = je l'envoie. *weynahpo-ia-i* = je retournerai. *si-nunga-ia-i* = je l'avais quitté» etc. In den anderen Dialekten bezeichnet die Endung *-i, -y* die Vergangenheit.

Cum.: *hu-are-y* = ich habe es getragen.

Chaym.: *gu-are-y* = ich habe es getragen.

Tam.: *t-are-i* = ich habe es getragen.

Gal.: *s-onu-i* = ich habe es gegessen. *n-atapu-i* = er ist angekommen.

Rouc. 2: *s-eta-ĭ* = ich habe es gehört. *n-ama-ĭ* = er ist gefallen etc.[5]

Gegenwart.

Mit ziemlicher Sicherheit läßt sich an einer Reihe von Beispielen *-ne̜* als die Endung der dritten Person Singularis und Pluralis der Gegenwart feststellen:

ge̜(d)yā e̜te̜mi-ne̜ = die Männer tanzen.

yaƚánai̯ e̜ƚe̜mi ku̯(d)ya-ne̜ = der Weiße tanzt.

ûme̜ me̜ku hĕ-ne̜ = sie töten viele Affen.

yatúya-ne̜ máhoto = das Feuer brennt.

kúƚugo ne̜-tuƚe̜me̜-ne̜ = der Urubú sitzt.

ihe̜te̜be̜ ne̜-(x)te̜hánya-ne̜ = seine Witwe weint.

e̜jiƚibe̜ ne̜-(x)te̜hánya-ne̜ = die hinterbliebene Tochter weint.

me̜té̜(x)ti ne̜-(x)te̜hánya-ne̜ = die Kinder weinen.

kaƚihóna né-hia-ne̜
kaƚihóna (a)hiné̜ne̜-ne̜ ⎱ die Leute kommen.
kaƚihóna ayé̜ine̜-ne̜ ⎰

---

[1] Diesem Präfix *u-* der ersten Person entsprechen: Cum.: *hu-*. Chaym.: *gu-, u-*. z. B.: Chaym.: *u-mana-z* = ich tanze. *u-ropia-z* = ich sterbe etc. Ebenso: Ak.: *u-jinua-i* = ich habe mich gefürchtet u. a.

[2] Ebenso in anderen Karaibensprachen: Cum., Chaym., Tam., Gal., Bak., Krisch., Ip.; vgl. die Beispiele bei L. Adam: Grammaire Comparée. pp. 50, 51.

[3] Ebenso beim Imperativ und Infinitiv. Siehe weiter hinten.

[4] Wörtlich: „ich sie kämpfe, ich sie habe gekämpft".

[5] Lucien Adam: Grammaire Comparée. pp. 64, 65.

Auch bei vielen Verben zeigen die Endung *-nę* und bisweilen die Präfixe *nę-, nę-, ni-, n-* die dritte Person der Gegenwart an:

totó-nę = er hustet.

ę-hёnęx-nę = er kämpft[1]. *anóta-nę* = er fällt.

ęnęnux-nę = er klettert. *mętё-nę* = er kriecht (er läuft?).

ęűtā-nę = er lacht. *ętáki-nę* = er pfeift.

kohęto kęnęuё-nę = er schießt mit der Flinte.

ę(x)kętę-nę = er schwimmt. *ęhęnū-nę* = er springt.

n-ahohódya-nę = er kaut. *nę-uóbā-nę* = er redet.

nę-(t)súx-ta-nę[2] = er geht pissen. *nё-dűdę-nę* = er zählt.

nę-nęhō-nę = er zeigt. *ni-haháka-nę* = er schlägt.

nę-uё(d)yā-nę = er wirft, schießt mit dem Bogen.

tę-hókę-nę[3] = es riecht.

Hierher gehören wohl auch:

óni(x)-nę = Schlaf = er schläft.

nę-hű(d)ya-nę, in: *gákętę nęhű(d)yanę* = Echo.

nę-kamaƚátę-nę, in: *nękamaƚátęnę uómi* = Echo.

Auf dieselbe Weise stellen sich einige Adjektiva als Verbalformen heraus:

n-ahá-nę = es ist trocken. *nę-kёtā-nę* = es ist faul.

n-ahęiyā-nę = er ist tot. *ikűƚa sáxka-nę* = er fängt Fische[4].

Im Chayma und Cumanagoto ist *-ni, -n* die Endung der dritten Person Singularis der Gegenwart:

> Chaym.: *manarea-ni, yarea-ni, narea-ni* = aquel lleva. *mota-ni* = aquel và. *muenepia-ni, nepia-n* = aquel viene.
>
> Cum.: *madapchama-n* = aquel pisa. *madara-n* = aquel lleva. *madacupia-n* = aquel lo riega. *madaropa-n* = aquel lo embia. *madanonua-n* = aquel lo manda.

Im Bakairí bezeichnet die Endung *-ni (-ne)*, die fast ausschließlich den Formen der dritten Person Singularis und Pluralis angehört, „gewöhnlich die reine Vergangenheit und tritt in der Erzählung nach Art des Aorist für eine momentane Handlung auf"[5]. Daneben hat sie jedoch mehrfach Präsens-Bedeutung:

> Bak.: *ahitokű-ni* = sie spielten. *itá-ni* = er ging. *yé-ni* = er setzte ein. *xutú-ni* = er gab. *xutá-ni* = er wußte. Daneben: *enomedá-ni* = er lehrt. *emó-ne* = er sitzt.

Die dritte Person der Gegenwart haben wir offenbar auch in folgenden Ausdrücken unseres Vokabulars:

nódxa n-ónękę = die Weiber schlafen. *nódxa tёmę* = die Weiber gehen.

tűna ęhętętę = der Fluß fließt, strömt.

műtędyę = sie gebiert. *ёmёgę* = er geht unter.

ęhętę kákętę = er fliegt (der Vogel). *tёkętę* = heraustreten.

---

[1] Wörtlich: „er kämpft sie". *ę-* ist Objektpronomen der dritten Person; vgl. weiter unten den Imperativ.

[2] Enthält die Stammform *ta, ęta* = gehen. In den meisten anderen Sprachen zeigt dieses *-ta* in Verbindung mit dem Verbum eine Imperativform an. Vgl. die Beispiele bei L. Adam: Grammaire Comparée. S. 67, 68.

[3] *tę-* ist Reflexivpronomen.

[4] In der Phrase *ikűƚa sáxkanędaƚkę* = erfolglos auf dem Fischfang, die am Schluß dieser Studie genauer erklärt wird.

[5] K. v. d. Steinen: Die Bakairísprache. S. 371, 388.

Vergangenheit.

Die dritte Person Singularis oder Pluralis der Vergangenheit wird durch die Endung *-hę* ausgedrückt, die an den präfigierten oder präfixlosen Stamm tritt.

Hierfür sprechen folgende sichere Beispiele:

nę-hę́nę-hę dotóto = der Doktor hat getötet.

inídomų̃ nę-hënę-hę = der Häuptling hat getötet.

hënę́-hę ętákudx̧a = die Kolombianer haben getötet.

ínyo ahę́hi-hę = der Ehemann ist gestorben.

i(d)yų̃mo ahę́hę-hę = der Vater ist gestorben.

n-ahę́-hę = sterben == er ist gestorben.

i-hinę́-hi hotáti = ein Loch stechen = er hat es gestochen das Loch.

itití(x)kę-hę = tatauieren = er hat (ihn) tatauiert.

<blockquote>
Damit ist zu vergleichen:

Bak.: *utóto ta-iγé-he* = der Jaguar ist gestorben, tot. *máe ta-iγé-he* = der Tapir ist gestorben, tot. *txǫ-h* = er tötete.

Andere Dialekte haben als Endungen der Vergangenheit *-pui, -pu, -po*, die sich jedoch nicht auf die dritte Person beschränken:

Chaym.: *ne-pui* = er ist gekommen. Cum.: *macù-pui* = tu lo regaste.

Ak.: *yura wioubu-pu* = ich bin gekommen. *wohna-pu auwia* = du hast getötet. *tah-pu ia* = er hat gesagt. *eyna-pu ia* = er hat gesehen.

Car.: *tamosi ourana-po* = Gott hat gesagt. *imenda-po* = er hat ausgegossen. *idambu-pu mbó* = er ist tot.

Gal.: *au dḥ-ica-pui* = ich habe es getan.

Kal.: *au alepa s-ena-pui* = ich habe gegessen.
</blockquote>

Eine andere Endung der Vergangenheit im Hianákoto ist *-ta*.

yatánai̧ n-ę́tu-ta = der Weiße (er) ist gekommen.

katihóna n-ętü-ta = die Leute (sie) sind gekommen.

ikų̃ja i-sáxka-ta = er hat (sie) gefangen, die Fische.

<blockquote>
Ähnlich ist es im Bakairí und Akawai, wo die Vergangenheitsendungen *-ta, -tai, -d a* vorkommen:

Bak.: *š-iγasé-ta* = ich rief. *x-ię̆-ta, xé-ta* = ich steckte. *s-itǫ-ta* = ich baute. *n-iγe-wǫ-ta* = er wurde toll. *a-n-ie-tái* = ich stritt. *aγúa n-a-tái* = die Wespe stach.

Ak.: *m-pun-dai* = du hast gesät. *nu-ga-dai* = er hat gesagt. *m-eyda-da-tai* = ihr habt gehört.
</blockquote>

Schließlich scheint auch die Endung *-ka* im Hianákoto auf die Vergangenheit hinzuweisen:

nę-háta-ka nų̃nę = der Mond ist erschienen.

nódx̧a nę-háta-ka mënęnyę = die Weiber sind erschienen (getreten) aus dem Haus.

<blockquote>
Im Bakairí drückt die Konstruktion *ta — — se* eine Gewohnheit aus oder legt eine Eigenschaft bei:

Bak.: *t-öγāwô-se* = (die Seele) tritt ein (in den Leib). *t-awô-se* = (der Sohn) erhält (den Namen des Vaters). *t-ǫ-se* = er ißt, pflegt zu essen [1].
</blockquote>

In unserem Vokabular finde ich für diese Konstruktion folgendes Beispiel:

mënę̃-tauę t-oni-(d)-sę = im Hause schläft er, pflegt er zu schlafen.

---

[1] K. v. d. Steinen: Die Bakairísprache. S. 390.

Infinitiv:

Im Infinitiv tritt die Endung *ti* an den Verbalstamm:

y-ẹsẹtaṭẹ́nā-ti = atmen. *y-ẹtáhō-ti* = gähnen.

ẹmó(x)mō-ti = mahlen. *imẹ̄núxtẹ-ti* = malen.

tamẹ̣-ti = nähen; z. B.: *tühuhi tamẹ̣-ti* = Baststoff nähen.

y-atihẹ-ti = niesen. *n-ẹ́tẹ̄-ti* = trinken; z. B.: *uókẹ n-ẹ́tẹ-ti* = Getränk trinken;

t''   *támẹ n-ẹ́tẹ̄-ti* = Tabak trinken = rauchen.

akuëtẹ̄-ti = schneiden. *ẹhutikā-ti* = tauchen.

i-hinẹ̣hë-ti = töten. *ānẹ́xtā-ti* = wachsen. *onámẹ-ti* = beweinen.

Die Präfixe, die einigen dieser Infinitive beigesellt sind, sind Pronominal-präfixe. Sie beziehen sich bei den intransitiven Verben auf die Person, von der angenommen wird, daß sie die Handlung ausführt, bei den transitiven Verben als Objektpronomina auf die (ungenannte) Person oder Sache, die von der Handlung betroffen wird. So ist *y-* in: *y-ẹsẹtaṭẹ́nā-ti, y-ẹtáhō-ti, y-atihẹ-ti,* das Pronominalpräfix der ersten Person Singularis, so daß die wörtliche Über-setzung dieser Infinitive lauten würde: „ich atmen, ich gähnen, ich niesen". In *n-ẹ́tẹ-ti* (*nẹ-ẹ́tẹ̄-ti*) ist *nẹ-* das Pronominalpräfix der dritten Person Singularis, also wörtlich: „er trinken". In *i-hinẹ̣hë-ti* ist *i* das Objektpronomen der dritten Person: „ihn töten" oder „sie (Plural) töten". Wie bei anderen Verbalformen, so können auch beim Infinitiv diese Pronominalpräfixe wegbleiben.

Mit ähnlicher Beziehung auf die handelnde Person heißt es im Cumanagoto: *ure-n-are-r* = llevarlo (n-are-r) yo (ure). *amuere-n-are-r* = llevarlo (n-are-r) tu (amuere). *amna-n-are-r* = llevarlo (n-are-r) nosotros (amna). Nur stehen hier die selbständigen Pronomina, an-statt wie oben die Pronominalpräfixe.

Während im Cumanagoto und Chayma die Infinitivendung *-r* ist, tritt sie uns im Galibi und Ouayana bald als *-ri,* bald als *-li* entgegen, was auf die Unsicherheit der Autoren gegenüber dem rollenden *l (t)* in den Karaibensprachen zurückzuführen ist. Das Tamanaco und das Caribi haben *-ri.*

Gal.: *s-ine-ri* = (es) trinken. *s-etapu-ri* = (es) kochen. *s-ebo-li* = (es) finden.

Rouc. 2 (Ouayana): *si-ene-li* = (es) trinken. *ch-api-ri* = (es) suchen.

Up.: *s-ene-li* = (es) trinken.

Trio 2: *w-ene-li* = (es) trinken.

Tam.: *y-acarama-ri* = es sagen. *y-are-ri* = es tragen.

Car.: *o-matu-ri* = (du) vollenden. *i-dambu-ri* = (sie) sterben [1].

Imperativ:

Der Imperativ wird gebildet, indem die Partikel *-kẹ* an den Verbalstamm gehängt wird.

ẹ́nẹ-kẹ = bringe! z. B.: *dxátẹ ẹ́nẹ-kẹ* = bringe hierher!

sáka-kẹ[2] = fege! z. B: *hátai i-sáka-kẹ* = fege den Hausplatz!

katáma-kẹ = gib! z. B.: *ẹ-katáma-kẹ (d)yi(d)ya* = gib es mir! *hátu*

tt'' *ẹ-katáma-kẹ (d)yi(d)ya* = gib mir Bananen!

---

[1] Vgl. Lucien Adam: Grammaire Comparée, p. 57, 58, und die betreffenden Wörter-listen und Grammatiken.

[2] *i-sáka-kẹ* hat anscheinend denselben Stamm wie *i-sáxka-ta* in der Phrase: *ikúija i-sáxka-ta* = er hat Fische gefangen. Der gemeinsame Begriff ist „sammeln, zusammenbringen", also: „Schmutz z u s a m m e n kehren" und „Fische z u s a m m e n bringen".

ętá-kę == höre! z. B.: *uómi ętá-kę* = höre das Wort, die Rede!

ahíhi-kę = schleife! z. B.: *iuá(d)sa ahíhi-kę* = schleife das Messer!

(d)su(d)súxka-kę = wasche! z. B.: *máuŧukahęhę i-(d)su(d)súxka-kę́* == wasche die Kleider!

kanę́(x)tę-kę = fertige! z. B.: *atátę kanę́(x)tę-kę*, oder *atátę ę-kanę́(x)tę-kę* fertige eine Hängematte!

tátę-kę = hole herbei! z. B.: *uęuę ę-tátę-kę*, oder: *uęuę tátę-kę* = hole Brennholz herbei!

ęŧ́ętę-kę = zünde an! z. B.: *mahóto i-ęŧ́ętę-kę* = zünde Feuer an!

tëŧë-kę = lege! z. B.: *ëhę́i-ho kë(d)sę tëŧë-kę* = lege das Messer auf die Bank! etc.

Das Präfix *i-*, *ę-*, das in einigen dieser Beispiele mit der Imperativform verbunden ist, ist das Objektpronomen der dritten Person Singularis oder Pluralis[1], so daß die wörtliche Übersetzung eigentlich lautet:

„fege ihn den Hausplatz! wasche sie die Kleider!
fertige sie die Hängematte! hole es herbei das Brennholz!
zünde es an das Feuer!" Dieses Präfix kann, wie wir sehen, auch wegbleiben.

Imperativformen haben wir zweifellos auch in den Ausdrücken:

i-tęnáma-kę = binden *ëŧëtëŧëkę̄ę̄ji-kę* = bleiben.

i(x)hûŧu-kę = braten. *ihó(x)mā-kę* = brennen.

tęuáŧęji-kę = denken. *ahíga-kę* = graben.

tëdyē-kę = kochen. *ikoęká-kę* = rudern.

kęŧû-kę = rufen. *ęnę́-kę* = sehen.

ę(d)sęaį-kę = sitzen. *ęhanáma-kę* = sich umwenden.

ęŧękómę tęnę-kę = mache rasch!

tęŧę́hatsa-kę = sei ruhig! beruhige dich!

Die übrigen Karaibensprachen haben als Imperativsuffixe: *-k, -ke, -keu, -ko, -ga, -go, -gu*.

Cum.: *e-n-coroca-k* = wasche es! *o-m-moroma-k* = glaube es! *are-k* = trage es! *a-v-apata-k* = gehe hinaus! etc.

Chaym.: *y-cotoma-k* = tue es! *ch-apuez-ke* = nimm es! *a-n-apue-k* = betaste es! *a-guaren-ke* = singe! etc.

Tam.: *y-are-ke* = trage es! *a-nu-ke* = gib es! etc.

Rouc. 2: *ale-k, are-k* = trage! *enep-keu* = bringe. *apoi-keu* = nimm! etc.

Up.: *énep-kö* = bringe. *kai-kö* = sag einmal!

Ap. 2: *imouii-keu* = binde an! *apoi-keu* = nimm! etc.

Carin: *eni-ko* = trinke! *arimia-ko* = rudere! etc.

Gal.: *aboi-ko* = nimm! *erouba-ko* = sprich! *i-couma-ke* = nenne es! *ataima-k* = rudere! etc.

Kal.: *erǫ alǫ-kǫ* = trage dies! *y alǫ-kǫ* = gib mir!

Trio 2: *n-alö-kǫ* = bringe. *ma, ši apoi-kö* = nimm dies!

Car.: *sey-gu* = liebe! *u-go* = gib! *ekuri-go* = tue! etc.

Ak.: *eyn-gu* = siehe! *i-potu-gu* = zünde es an! etc.

Mak.: *ené-keu* = bringe!

Parav.: *enne-ke* = iß!

---

[1] Beachtenswert ist die Übereinstimmung dieses Objektpronomens mit dem Pronominalpräfix der dritten Person beim Nomen.

Carij.: *eni-ke* = trinke! *cai-ke* = sprich!

Bak.: *a-hipa-ke* = lache! *egasé-ge* = gehe hinaus! *awöγu-ka* = fliege! *eni-ga* = trinke! *apari-γa* = schwimme! etc.[1]

Im Plural tritt die Partikel *-tę-* zwischen Verbalstamm und Imperativendung:

i-koękȧ-kę = rudere es! *i-koękȧ-tę-kę* = rudert es (das Boot)! *ę-(d)sętehȧ-tę-kę* = esset es!

Vielleicht gehört auch hierher:

ę-tȧ-tę-kę (= holt es herbei!). *ętę́-tę-kę* (= zündet an!). *ę-kanę́-(x)-tę-kę* (= fertigt sie [die Hängematte]!).

Auch andere Karaibensprachen haben als Pluralpartikel *-te-*. Das Caribisi hat *-to-*, das Akawai *-du-*, doch kann dieses *o, u* ein dumpfes *e*, unser *ę* oder *ë*, darstellen.

Cum.: *a-napchama-k* = pisalo tu. *a-napchame-te-k* = pisadlo! *a-non-ko* = befehle. *a-non-te-k* = befehlet!

Chaym.: *are-k* = trage. *are-te-k* = traget!

Tam.: *y-are-ke* = trage es. *y-are-te-ke* = traget es!

Rouc. 2: *enep-keu* = bringe! *enep-te-keu* = bringet!

Car.: *ekari-to-go* = verkündet! *apoi-to-go* = nehmet!

Ak.: *eyn-du-k* = sehet! *i-tu-du-k* = gebet es!

Imperativsuffix *-manę, -mani.*

Soll im Hianákoto die Aufforderung zu einer gemeinsamen Handlung ausgedrückt werden, so tritt *-manę, -mani* an den Verbalstamm, der, je nachdem das Verb transitiv oder intransitiv ist, mit oder ohne Pronominalpräfix stehen kann. *manę, mani* ist der Hauptbestandteil der Formen: *manękoné! manękonęhȧ! manęhatȯ! manȧkęnę! manękęhȧ!* = laßt uns gehen!, die selbstständig oder verbunden mit einem Verbum gebraucht werden können, wie aus unserer Wörterliste hervorgeht[2].

ęhę́ę-mani = laßt uns baden! *ę-(d)sękuę-mani* = coitum agamus! *n-ętęhę́-manę* = laßt uns kaufen! *n-ętę́-manę* = laßt uns ziehen!

Suffix *-toho.*

Eine Art Gerundium wird gebildet, indem die Partikel *-toho* dem Verbalstamm suffigiert wird. Das Verbum erhält dadurch einen substantivischen, instrumentalen, häufig lokativen Charakter.

oní-toho = (Ort geeignet) zum Schlafen = guter Platz (im Wald) für das Nachtlager.

hitȧna autú-toho = Matte zum Zudecken des Kaschirítroges (*hitȧna*).

mahȯto mȧ-toho = (Gegenstand) um Feuer (*mahȯto*) zu machen = Feuerzunder.

anȧji tukȧ-toho = (Holz) um Mais (*anȧji*) zu stoßen = Stößel (des Mörsers).

kaikúji yę́ti atohȯ-toho = (Instrument) um Jaguarzähne (*kaikúji yę́ti*) zu durchbohren.

---

[1] Vgl. Lucien Adam: Grammaire Comparée, p. 67, und die betreffenden Wörterlisten und Grammatiken.

[2] Vgl. die Sätze in unserer Wörterliste.

ɫádχa adχi-toho = (Instrument) um das Blasɫohr (*ɫádχa*) zu reinigen.

ahé̞-toho = (Zaubergift) um krank (*ahé̞[x]kę̈tę̈* = Krankheit) zu machen.

otáɫi ahuɫú-toho = (Gegenstand) um den Hauseingang (*otáɫi*) zu verschließen = Klapptüre.

ẅei e̞yé̞tę̈himó-toho = Brettchen zum Umrühren des röstenden Mandioca-mehls (*ẅei*).

ui kanúx-ɫoho = Stange, die zum Auspressen der Mandiocamasse (*ui*) dient.

Auf diese Weise sind auch die folgenden Bezeichnungen entstanden:

ui nohó-toho = großes Mandiokasieb.

kajɫɫi yé-toho = große Schale für Mandiokabrühe (*kájiɫi*).

hutumá-toho = Schere. *amána huɫú-toho* = Drehkreisel.

ɗihámata akę̈ná-toho = Handende des Pfeils.

mě̈nę̈͂ atę̈-toho = Seitenwand des Hauses (*mě̈nę̈͂*).

mě̈nę̈͂ ɫę̈tę̈n-toho = Längstragebalken des Hausdaches.

atauę̈-toho = Hafen.

Dieses Suffix *-toho* findet sich in anderen Karaibensprachen entsprechend dem Lautwandel (*p—h*) als: *-topo, -tope, -top, -tepo, -tpe, -tobou*, wofür Lucien Adam in seiner: „Grammaire Comparée" eine Reihe von Beispielen gibt, die sich noch beträchtlich vermehren lassen:

Cumanagoto: *ch-apchama-topo* = de pisar, para pisarlo. *ch-are-ttopo, ch-are-tpo-r* = de llevar, para llevarlo. *y-gue-topo* = l'objet avec lequel on frappe. *ch-apchama-topo* = le fouloir. *hu-onuk-topo* = l'échelle. *onam-topo* = le tombeau. *y-emca-topo* = la clé.

Außerdem: *chachim-topo* = aguja para coser. *tam y-atopo-topo* = aguja para ensartar tabaco. *y-puim-topo* = ahorcador (instrumento). *cheutaca-topo* = alesna. *houto hue-topo* = ançuelo. *huerhuemputma-topo* = añagaza. *y-chim-topo* = atadero. *yucra-tòpo* = batidor (instrumento). *y-huarapte-topo* = atrancadero. *y-temek-topo, y-gepato-topo* = barredero. *hu-erechuca-topo* = deshollinador (instrumento). *y-puek-topo* = rallo, und viele andere.

Chayma: *ch-emia-te-top* = el lavador de manos. *y-um-top* = cadenas. *e-y-ebibte-top* = ton guérisseur.

Außerdem: *puerta y-um-top* = cadado, cerrador. *y-unca-top* = abridor, llave. *zaquie-top* = el comedero. *y-quinec-top* = instrumento para enegrecer, und andere.

Tamanaco: *y-are-tepo* = pour le porter. *cuine-tepo* = pour l'assaisoner. *u-anucu-tpe* = échelle. *carama-ri-m-depo* = sujet de discours.

Galibi: *i-kirilica-topo* = poulie. *aboi-topo* = anse, lien.

Ouayana (Roucouyenne 2): *apoura-top* = clé. *opa-top* = piège à caïman. *ipila-top* = fouet. *ouapot-ouhmo-top* = briquet.

Außerdem: *kiki-top* = tournevis. *tamou-iri-top* = pipe. *apouroua-top* = clé. *anica-top* = palette à remuer le bouillon. *dichma-top* = traverses qui soutiennent les feuilles qui recouvrent la case. *épé-top* = maison de nuit. *acicarou émo-top* = bâton avec lequel on bat la canne. *ouriki-top* = carbet où les femmes travaillent.

Upurui: *tuná-li-top* = Becher. *etuk-top* = Gabel. *apúra-top* = Schlüssel. *tamuiri-top* = Pfeife.

Aparaï (2): *tamachima-topo* = pipe. *pouramaca-topo* = clé.

Caraïbe (Inselkaraibisch): *n-ebemà-tobou* = ͞ma márchandise. *i-bouinê-tobou* = amour. *n-onámo-tobou* = tombeau.

Außerdem: *itoualemà-tobou* = memorial. *iballoucà-tobou, huechemà-tobou* = lieu de franchise, où on se retire pour éviter le danger. *ibonhá-tobou* = le lieu de l'education. *ihuéhi-tobou* = le lieu ordinaire où on reside. *nataná-tobou* =

le lieu où on fait les assemblées. *ɩalicà-tobou, nemeignoŭá-tobou* = le lieu de la naissance. *oŭeattá-tobou* = lieu où on incise et scarifie les Sauvages. *icabá-tobou* = lieu où les Sauvages cabannent, und viele andere [1].

Die Possessivpräfixe, die der Mehrzahl dieser Beispiele beigefügt sind, weisen deutlich auf die durch das Suffix erfolgte Substantivierung des ursprünglichen Verbalstammes hin.

Suffix -*naɩ*.

Das Suffix -*naɩ* drückt eine Verstärkung, Bekräftigung aus und kommt in Verbindung mit dem Substantiv, Adjektiv, Adverb, Zahlwort, Pronomen und dem Verb vor.

1. Substantiv:

ŭmę kaɩihóna náɩ = alle Leute. *náɩ* ist hier stark betont und kann daher als selbständige Partikel gelten. Öfters hörte ich im Gespräch *uęɩĵi náɩ* = die Weiber, wenn das Wort stark hervorgehoben werden sollte. Als selbständige Partikel tritt das *naɩ* auch auf in: *bĕtĕ mâtę naɩ*, das ich für „Gattin" erhielt. Der Ausdruck ist zu zerlegen in: *bĕtĕ, bętę* = Gattin, *mâtę* = mit, *naɩ* = Bekräftigungspartikel; also: „mit der Gattin".

2. Adjektiv:

Beim Adjektiv finden wir diese Partikel als unbetontes Suffix besonders häufig, und zwar erhielt ich bisweilen die reine und die durch *naɩ* verstärkte Form nebeneinander:

mónomę-naɩ = groß (das nahe verwandte Carijona hat dafür die reine Form: *monomé*). *hīdχâɩękę-naɩ* = klein. *kâuę-naɩ* = hoch. *nonâuę-naɩ* = tief. *mĕha-naɩ* = lang. *dĕdĕ(d)żę-naɩ* = kurz. *ahihimĕɩękę-naɩ* = breit. *ęmĕĵi(d)sáka-naɩ* = schwer. *oxkonyimę-naɩ* = weich. *kęĵímatę-naɩ* = kalt *atúsaka-naɩ* = warm. *kutúsaka-naɩ* = krank. *kâɩę, kâɩę-naɩ* = gut. *kuɩákę, kuɩákę-naɩ* = schlecht. *tęuâɩaxkę-naɩ* = dumm. *tęnĕmę-naɩ* = tapfer. *mĕnôto, mĕnótomę-naɩ* = schwanger. *uaɩûmę* = Dunkelheit, Nacht. *uaɩûmę-naɩ* = dunkel. *atĕɩęmę-naɩ* = grün. *mĕha* = fern. *mĕha-naɩ* = weit, sehr weit (vgl. oben: lang).

3. Adverb:

mûnę-naɩ = dorthin. *ĕɩęnyę, ĕɩęnyę-naɩ* = dorther. *uâho-naɩ* = vorwärts. *uá, úa-naɩ* = nicht, nein.

4. Zahlwort:

hīdχa, hīĵa, hīdχa-naɩ, hīĵa-naɩ = wenig. *kaɩihóna â(x)kę-naɩ* = keine Leute. *máhiɩi natęma(x)kę-naɩ* = viele Pium.

5. Pronomen:

mĕdyâɩętę-naɩ = selbst.

6. Verb:

Einige Verben des Affekts sind mit diesem Suffix ausgestattet:

naɩiĵikę-naɩ = fürchten. *uómi axgĕɩę-naɩ* = trauern. *nôdχa ɩwo ɩno-naɩ* = die Weiber fürchten die Gespenster.

---

[1] Vgl. Lucien Adam: Grammaire Comparée des dialectes de la famille Caribe, p. 59, und die betreffenden Wörterlisten.

Auch in der Phrase: *ĕtẹsẹ-má-naį* = wie heißt du? ist offenbar dies Suffix enthalten.

Beim Carijona finden sich dafür folgende Beispiele: *coure-naï* = joli, was mit unserem *kûṭẹ-naį* = gut, identisch ist; *ouacourou koutou sake-naï* = j'ai mal au ventre (vgl. unser: *kutúsaka-naį* = krank); *etéke-naï* = qu'est-ce que?

Sehr gut entspricht diesem Suffix *-naį* im Bakairi die Partikel *lö*, die in dieser Sprache eine sehr wichtige Rolle spielt und entweder selbständig erscheint oder als Suffix an der Wortbildung beim Substantiv, Verb, Adverb, Pronomen und Zahlwort beteiligt ist. *lö* ist eine Art Ausrufungszeichen und wird dem Wort angehängt, dessen Bedeutung hervorgehoben werden soll[1]. Dasselbe läßt sich von unserem Suffix *naį* sagen.

Ein Wort kann im Hianákoto auch dadurch besonders betont und hervorgehoben werden, daß ein Vokal lang gezogen wird.

ûmẹ kaṭihóna = viele Leute. *û . . . . mẹ kaṭihóna* = sehr viele Leute.

mĕ . . . . . . hanaį = s e h r weit.

uŏmi axgẹ̆ . . . . . . ṭẹnaį = trauern.

manẹkonẹhå . . . . . . ! = vorwärts!

ẹ(d)sẹṭẹháxtĕiẹ ĕxkẹnĕ . . . . . . ! = Aufforderung zum Essen.

Negation.

1. Verb:

Die Verba werden negiert indem *-uanaį*, d. h. die durch das Suffix *-naį* verstärkte Negation *ua* oder vielleicht auch diese letztere allein, an den Verbalstamm gehängt wird.

tûna kaṭáma-uanaį (d)yí(d)ya = er gibt mir kein Wasser. *ikûja ẹhóṭi-uanaį kaṭihóna* = die Leute haben keine Fische gefangen. *gĕ(d)ya hẹtúnẹ hẹ́-uanaį* = die Männer haben kein Inambú geschossen.

Das Roucouyenne-Ouayana hat für Verba und Nomina die Negation *-oua*, das Galibi (nach de la Sauvage) für die Verba *-pa*, für die Nomina *-oua*, das Bakairi für die Verba, je nach ihrer Klasse, *-pa*, *-ba* oder *-püra*, für die Nomina *-pa*, *-ba*.

Rouc. 1: *nissa oua* = je ne vais pas. *setaï oua* je ne comprends pas. *chiri oua* = je ne donne pas.

Rouc. 2: *s-éné oua* = je ne vois pas. *iché oua* = je ne veux pas. *iroupa oua* = pas bon. *apsic oua* = pas petit etc.

Gal.: *animero pa* je n'écris pas. *anagouti pa* = je ne t'entends pas. *iroupa oua* = pas bon etc.

Bak.: *n-ûkí-pa* sie schliefen nicht. *tihé-ba* (er) wollte nicht. *n-ita-púra* = er verstand nicht (die Sprache). *n-ae-púra* = er kam nicht. *töráne* furchtsam; *töranépa* = nicht furchtsam. *kxúra* = gut; *kxurá-pa* = schlecht. *tokxá-ba* = ohne Bogen etc.

2. Adjektivum:

Um den Sinn des Adjektivs zu verneinen, werden die Negation *-akẹ* (*-a[x]kẹ*) oder ihre Verstärkung *-akẹnai* (*-a[x]kẹnai*) angehängt, wofür sich in den anderen Karaibensprachen keine lautverwandten Entsprechungen finden:

kûṭẹ = gut. *kûṭ-ákẹ, kuṭ-ákẹ-naį* = schlecht. *ṭẹnẹ́mẹ-naį* = tapfer. *ṭẹnẹ́m-a(x)kẹ* = feig.

---

[1] K. v. d. Steinen: Bakaïrísprache. S. 321 ff.

Diese Negation kann auch an den Verbalstamm treten und gibt ihm dann einen adjektivischen Charakter:

tẹuátẹjikẹ = denken. *tẹuát-axkẹ-naị* = dumm.

Oder

sie steht als selbständiges Attribut hinter dem Substantiv:

mĕnẹ-tauẹ katihóna á(x)kẹnaị = in dem Haus sind keine Leute.

Der Gegensatz davon ist:

natẹ́m-a(x)kẹnaị = viele. *mĕnẹ-(x)-tẹtẹ máhiti natẹ́ma(x)kẹnaị* = in dem Haus sind viele Pium.

3. Suffix -*daịkẹ*.

bezeichnet einen Mangel, ein Unvermögen.

tẹ̄núkẹ-daịkẹ = blind. *tẹhánakẹ-daịkẹ* = taub. *ikúja sáxkanẹ-daịkẹ* = erfolglos beim Fischfang.

tẹ̄núkẹ-daịkẹ ist zu zerlegen in: *t-ẹ̄nu-kẹ-daịkẹ*. *t-ẹ̄nu* ist, wie wir gesehen haben, die Stammform von: *y-ẹnú-tu* = Auge, mit dem reflexiven Pronominalpräfix der dritten Person *t-, tẹ-*.

kẹ, richtiger wohl *kẹ* geschrieben, ist das Instrumentalsuffix *kẹ* = mit. *tẹ̄núkẹdaịkẹ* heißt daher wörtlich übersetzt: (er ist) mit seinem Auge (*tẹ̄núkẹ*) unfähig (*daịkẹ*). Ähnlich verhält es sich mit *tẹhánakẹ-daịkẹ* = taub, das zu zerlegen ist in: *tẹ-hána-kẹ-daịkẹ*.

hana ist die Stammform von *i-haná-ti* = mein, sein Ohr, mit dem reflexiven Pronominalpräfix *t-*. *tẹhánakẹ-daịkẹ* heißt daher wörtlich: (er ist) mit seinem Ohr (*tẹhánakẹ*) unfähig (*daịkẹ*).

In *ikúja sáxkanẹ-daịkẹ* heißt *sáxka-nẹ* — er fängt[1]. -*nẹ* ist die Endung der dritten Person Präsentis Aktivi. Die wörtliche Übersetzung von *ikúja sáxkanẹ-daịkẹ* heißt daher: er fängt Fische (*ikúja sáxkanẹ*) unfähig (*daịkẹ*); d. h. er ist erfolglos beim Fischfang.

4. Suffix -*nẹ̆ji*.

scheint einen beschränkenden Sinn zu haben:

kóko = Nacht; *kóko-nẹ̆ji* = frühmorgens; *kokó-n-yẹ-nẹ̆ji* = Abend, abends (d. h. „nicht mehr" und „noch nicht Nacht"). Ähnlich verhält es sich wohl auch mit den Wörtern *uatúmẹ* und *uatúmẹ-nẹ̆ji*, die ich beide für Nacht erhielt. Außerdem: *dukútumẹ̄mẹ* = schwarz; *dukútumẹ-nẹ̆ji* = schmutzig (d. h. nicht ganz schwarz). *tẹnẹ̆maxkẹ* = feig; *tẹnẹ̆makẹ-nẹ̆ji* = lahm.

---

[1] Vgl. damit: *ikúja i-sáxka-ta* = er hat Fische gefangen.

For EU product safety concerns, contact us at Calle de José Abascal, 56–1°, 28003 Madrid, Spain or eugpsr@cambridge.org.

www.ingramcontent.com/pod-product-compliance
Ingram Content Group UK Ltd.
Pitfield, Milton Keynes, MK11 3LW, UK
UKHW030902150625
459647UK00021B/2658